HOJE É O DIA QUE IRÁ MUDAR SUA VIDA

HOJE É O DIA QUE IRÁ MUDAR SUA VIDA

Elaine Harrison

*M.*BOOKS

M. Books do Brasil Editora Ltda.

Rua Jorge Americano, 61 - Alto da Lapa
05083-130 - São Paulo - SP - Telefones: (11) 3645-0409/(11) 3645-0410
Fax: (11) 3832-0335 - e-mail: vendas@mbooks.com.br
www.mbooks.com.br

Dados de Catalogação na Publicação

HARRISON, Elaine

Hoje é o dia que irá mudar sua vida/Elaine Harrison

2013 – São Paulo – M.Books do Brasil Editora Ltda.

1. Autodesenvolvimento   2. Psicologia   3. Autoajuda
ISBN: 978-85-7680-205-1

Do original: Today is the day you change your life
©2011 Pearson Education Limited.

Editor
MILTON MIRA DE ASSUMPÇÃO FILHO

Tradução
Monica Rosemberg

Produção Editorial
Lucimara Leal

Coordenação Gráfica
Silas Camargo

Editoração e Capa
Crontec

2013

Direitos exclusivos cedidos à M.Books do Brasil Editora Ltda.

Proibida a reprodução total ou parcial.

Os infratores serão punidos na forma da lei.

SUMÁRIO

Agradecimentos   7
Introdução   9

1   **Hoje é o dia**
para começar   15

2   **Hoje é o dia**
de saber o que você não quer mais   25

3   **Hoje é o dia**
de decidir o que você realmente quer   39

4   **Hoje é o dia**
em que todos os seus relacionamentos
começam a melhorar   57

5   **Hoje é o dia**
de fazer sua vida profissional
trabalhar para você   73

6   **Hoje é o dia**
de definir metas e fazer planos   87

6 HOJE É O DIA QUE **IRÁ MUDAR SUA VIDA**

7 Hoje é o dia
de fazer sua mente ajudá-lo   99

8 Hoje é o dia
de se concentrar nas pequenas coisas
(Que fazem as grandes coisas acontecerem)   115

9 Hoje é o dia
de escolher a quem você quer ouvir   129

10 Hoje é o dia
de deixar o passado para trás   141

11 Hoje é o dia
de descobrir as chaves para o sucesso   153

12 Hoje é o primeiro dia
de toda uma nova vida   167

Apêndice: hoje é o dia
de garantir que você
está pronto para a mudança   175

AGRADECIMENTOS

Para mim, escrever este livro foi uma jornada – com muitas mudanças ao longo do caminho! – e, portanto, gostaria de agradecer àqueles que conheci no trajeto.

Aqueles que estavam lá quando a jornada era apenas uma ideia: agradeço a Andrew McFarlane e à equipe da LeadChange pela inspiração, oportunidade e pela diversão. Perry, muito obrigada por suas competências administrativas, sua crença em minhas ideias e pela visita de seu filho para me fazer ganhar tempo. Agradeço à Sandra Sedgbeer (mestre em mudança) por sua eterna amizade, crença em minha escrita e inspiração – de perto e de longe.

E àqueles que me apoiaram durante o processo: mamãe, papai, Steven, Fiona, Peter, Gillian, James, Sarah e Sophie – o melhor time de suporte do mundo! Obrigada é pouco.

A Terry, Jim e seus filhos maravilhosos – agradeço pelo afeto pelas risadas quando mais precisávamos.

Para aqueles que deram o sinal verde de largada: Caroline Jordan (onde quer que você esteja), obrigada por colocar a ideia do meu livro nas mãos certas. Rachael Stock da Pearson, agradeço imensamente por sua confiança, *feedback* maravilhoso e por fazer tudo acontecer. Agradeço a todo o pessoal da produção, do marketing e de vendas que colocou este livro nas mãos do leitor.

E, por fim, mas, não menos importante, agradeço a Joseph por ser um catalisador da mudança e um motivador. E Archie, obrigada por me iluminar e me aquecer.

INTRODUÇÃO

A ideia de mudar sua vida pode parecer assustadora quando você pensa em tudo ao mesmo tempo. Quero mudar de emprego, um relacionamento melhor, ficar em forma, perder peso, uma casa nova, diminuir meu nível de estresse... Ah, e quero isso já. Quando começa a listar as coisas que gostaria de mudar, parece algo sufocante. Acrescente a isso um senso de urgência e vai lhe parecer ainda pior. Assim, a maioria de nós desiste antes mesmo de começar. Ou decide esperar. Esperar até a semana que vem, até o mês que vem, até que esteja mais alegre, até que alguém faça alguma coisa, até que esteja mais motivado, até que...

Como podemos acabar com essa sensação? Eu tinha um pote enorme em que colocava trocados, algumas moedas, algumas vezes por semana. Nas primeiras vezes que coloquei dinheiro no pote, achei estranho – não era algo que eu estava acostumada a fazer – e realmente precisei me esforçar para lembrar de fazer isso todos os dias. Depois de um tempo, passou a ser um hábito. Então certo dia – não sei dizer quanto tempo levou –, o pote estava totalmente cheio, somando quase 250 libras! Mudar a vida é parecido com isso, um pouco por vez e logo as coisas se somam; não deve ser algo estressante e, melhor de tudo, você não precisa esperar. Pode começar hoje mesmo.

A mudança assume várias formas. Existem momentos na vida em que as coisas acontecem e você se sente profundamente mudado para sempre. Há também períodos em que nada importante parece acontecer. Mas existe uma certeza na vida: as coisas mudarão. As estações mudam, o tempo muda, as pessoas mudam, os empregos mudam, a tecnologia muda, os relacionamentos mudam, as opiniões mudam, você muda... Resistir à mudança é inútil. Opor-

-se e tentar impedir que a mudança ocorra não é bom para você, ou para ninguém ao seu redor. Você obtém o melhor da vida deixando que a mudança aconteça, aceitando, tirado o máximo proveito, até mesmo iniciando a mudança por mais assustador que isso pareça. Há milhares de pessoas ao redor do mundo em busca de mudanças o tempo todo. Como você sabe se é uma delas? A necessidade de mudança pode ser manifestada de várias maneiras, por uma persistente sensação de impaciência a uma insatisfação constante, por uma sutil irritabilidade a um desânimo diário quando você se arrasta para fora da cama para mais um dia de sua vida. O desejo de mudança pode se manifestar como raiva, depressão, devaneio constante, protelação, ou a percepção de que você tinha alguns sonhos e objetivos anos atrás e está mais distante de concretizá-los hoje do que estava antes.

É hora de agir. Quero que você imagine por um momento que tem controle total sobre sua vida; que tem controle inclusive sobre seu passado (ao menos sobre seus pensamentos em relação a ele!) e sobre seu futuro. Imagine que pode mudar sua vida agora, neste instante, imediatamente! Sem necessidade de um grande investimento, anos de estudo, experiências místicas – você pode sua mudar sua vida para melhor já. Isso lhe parece bom? Bem, isso é sério. Você pode.

É hora de parar de esperar que os outros façam isso por você, ou que os outros mudem para tornar seu mundo melhor. A mudança é uma coisa interior. Às vezes, as pessoas têm mudanças surpreendentes na vida que aparentemente chegam de mão beijada. Elas ganham na loteria, recebem ofertas de oportunidades incríveis, têm sorte! Mas tempos depois (dinheiro esbanjado, oportunidades desperdiçadas e sorte que acaba), elas voltam à estaca zero. Mudanças externas não fazem muita diferença no longo prazo a menos que acompanhadas ou precedidas por mudanças internas. Às vezes, estas têm de acontecer primeiro, e outras vezes ocorrerão um pouco mais adiante – em outras palavras, você primeiro precisa agir e depois mudar.

Existe uma verdade que a maioria das pessoas não gosta: tudo que temos é resultado daquilo que fazemos. Mas é uma verdade que carrega um poder imenso – faça algo diferente e terá algo diferente. Seja diferente e verá resultados diferentes. Não é preciso rodar meio mundo para encontrar algum tipo de mágica – ela está aí dentro, você é a mágica. VOCÊ é quem pode mudar sua vida, começando imediatamente se assim quiser. Na verdade, o primeiro passo já foi dado – ao começar a ler este livro, você tomou a primeira atitude para tornar sua vida melhor.

Este livro diz respeito a descobrir o que você quer (e o que não quer), a decidir para aonde vai e como chegar lá. Ele o guiará por um processo de descoberta e lhe dará poder para voltar ao controle de sua vida. Você aprenderá como fazer uma lista de metas proativas e descobrir como ela pode mudar sua vida de maneira incrível e promissora. Aprenderá como fazer as pazes com seu passado e concentrar todos os seus recursos – seu diálogo interior, sua intuição, imaginação, bem-estar – para criar uma força vencedora irrefreável.

Este livro trata de mudança e, embora ele peça que você crie metas e visões para o futuro, também trata das mudanças que devem ser feitas AGORA, dando aqueles passos iniciais tão importantes e descobrindo por si próprio como pequenas mudanças podem fazer grandes diferenças. Ao longo do livro, você encontrará uma abordagem realista e coerente, necessária para levar a vida que deseja. Não importa se você está em busca de uma mudança grande ou pequena, os princípios serão os mesmos – faça algo diferente, e você terá um resultado diferente.

Postergar a mudança em sua vida vai deixá-lo confinado na sala de espera, preocupado e imaginando o que vai acontecer quando você sair dos limites dessa zona de segurança. Preocupar-se é usar sua imaginação para criar algo que não quer. Imaginar pode levá-lo a algum lugar, mas só se você fizer alguma coisa a respeito! Tem tudo a ver com fazer.

Vou pedir para você escrever algumas coisas conforme avança em sua jornada ao longo deste livro, sendo assim, providencie um bloco de anotações e chame-o de Mudanças em Minha Vida, algo que possa ter com você sempre que quiser rever o que já escreveu, ou acrescentar ideias ou pensamentos à medida que surgem. Sugiro que você mantenha essas anotações confidenciais – ou que apenas as compartilhe com alguém em quem confia; alguém especial que apoia incondicionalmente seu desejo de mudar e crescer; alguém sem outros interesses além de encorajá-lo.

A vida é muito curta para ser desperdiçada fazendo coisas que não queremos fazer, ou gastando tempo com pessoas com quem não queremos estar, alimentando sonhos ou ambições que nunca perseguimos, preocupando-nos... a lista continua. Isso não é um ensaio, é o espetáculo em si! Não perca a oportunidade.

Quando você tem saúde e a vida segue adiante, quando as ondas que você surfa não são muito grandes e os tombos são pequenos, é fácil ser tranquilizado por um falso senso de que tudo vai bem – especialmente se você se mantém ocupado o bastante com vinho/cerveja/cigarro/chocolate/excesso de malhação/mania de limpeza para não pensar em alternativas ou abafar qualquer indício de descontentamento. Mas de vez em quando você ouve uma voz interior que deseja algo diferente? Ou até mesmo um apelo urgente? É claro que sim! É por isso que está lendo este livro.

Mas, antes de começar a ouvir aquela outra voz que diz: "Ah, estamos bem assim, não há razão para mudar as coisas e ir atrás de sonhos porque isso só vai acabar em lágrimas", observe o quadro a seguir atribua uma nota de 1 a 10 a você em relação às afirmações, onde 1 corresponde a "Não é verdade" e 10 corresponde a "É verdade sempre":

1–10

(1 = Não é verdade; 10 = É verdade sempre)

Estou no relacionamento perfeito para mim. ⎯⎯⎯⎯⎯

Amo o trabalho que faço. ⎯⎯⎯⎯⎯

Sempre sou sincero comigo mesmo. ⎯⎯⎯⎯⎯

Estou perseguindo meus sonhos e ambições. ⎯⎯⎯⎯⎯

Sou feliz com minha vida. ⎯⎯⎯⎯⎯

Alguma nota abaixo de 10? Então há espaço para melhorar – é hora de fazer algumas mudanças. Você merece!

Os humanos são criaturas com hábitos. Rotinas e rituais ajudam a dar estrutura e familiaridade à vida. Nós nos acostumamos com as coisas, até mesmo com os sofrimentos, e eles se tornam normais. E é claro, se essas coisas são tiradas de nós, ou somos forçados a mudar, não gostamos. Se tivesse uma dor em um dente há um bom tempo e finalmente a tratasse, você se sentira melhor, mas também sentiria falta dela, porque estava acostumado e vivia procurando contorná-la. Por que esperar tanto? E por que esperar até que seja forçado a mudar? É sua vida, e por mais que ache difícil aceitar, ela é assim por causa de seus pensamentos e de suas escolhas. Pensamentos e escolhas diferentes = uma vida diferente.

Só o fato de você ter este livro nas mãos já significa que deu o primeiro passo para mudar sua vida. Você pode começar o processo de mudança imediatamente, fazendo algo diferente, tomando uma iniciativa, ou mudando sua forma de pensar. Ao longo do livro você encontrará sugestões de "Coisas para fazer hoje", coisas que podem levar apenas os cinco minutos que você tem para gastar, mas que farão uma grande diferença.

14 HOJE É O DIA QUE **IRÁ MUDAR SUA VIDA**

Você pode mudar sua vida, começando agora mesmo. Hoje. Até mesmo as mais longas e árduas jornadas começam com apenas um passo – quando realizadas passo a passo não se tornam tão longas e árduas. Se pudesse ver seu mundo/relacionamento/trabalho/sua vida ideal no final de um túnel escuro, se pudesse ter certeza de que isso estivesse lá esperando por você, certo de que isso é tudo o que sempre sonhou (talvez mais ainda!), de que seria mais feliz e realizado do que jamais pensou ser possível, você se arriscaria a entrar no túnel? Você se aventuraria na jornada? Entraria por um tempo num lugar que parece escuro e assustador?

Deixe-me ir com você enquanto dá uma olhada nesse túnel. Posso até acompanhar você na travessia se quiser. Mantenha este livro junto a si e nunca estará sozinho em sua jornada. E lembre-se: o túnel pode nem ser assustador; talvez seja menor do que você imagina e até divertido! Acredite, é uma sensação muito boa começar a lidar com problemas e fazer mudanças. É libertador, estimulante e edificante se ver de novo no controle. Então vamos lá!

1
HOJE É O DIA

PARA COMEÇAR

Quais as principais áreas problemáticas em sua vida no momento? Você quer um emprego ou um relacionamento melhor? Você está cansado do lugar onde vive e da maneira como vive? Cansado de se sentir da forma como se sente? Você anseia por algo, mas não tem certeza do que é? Ou, em vez disso, você trocaria tudo por uma nova vida melhor?

Não importa o que você queira, tem de começar "de onde está" e isso significa analisar honestamente como você sente sobre sua vida agora. Isso também pode ajudá-lo a ressaltar o "todo poderoso" – aquilo que está afetando todas as outras áreas de sua vida, o que vai ter enorme repercussão no minuto que começar a lidar com isso.

A conscientização é um grande motivador para a mudança

Reveja sua vida

Esta é uma oportunidade para você avaliar a si e a sua vida em diversos aspectos. Será útil anotar suas respostas e ser espontâneo ao responder. Seja honesto – isto é para você –, manipular os pontos para fazê-los parecerem melhores não ajudará em nada. Atribua uma nota de 1 a 10 em relação às afirmações a seguir, onde 1 corresponde a "Não é verdade" e 10 corresponde a "É verdade sempre".

Antes de começar, devo adverti-lo, esse tipo de revisão honesta pode mudar seriamente sua vida – para melhor! No entanto, nem sempre é fácil analisar como você se sente sobre as coisas e avaliá-las, e a lista a seguir não é de modo algum detalhada. Por exemplo, você pode achar que existem muitas coisas perfeitas em seu relacionamento, mas quer mudar alguns aspectos dele – então talvez fique empacado no primeiro item. Não há problema, simplesmente identifique o que deseja mudar em relação a este item e pontue de acordo. Você também pode se sentir diferente sobre algumas coi-

18 HOJE É O DIA QUE **IRÁ MUDAR SUA VIDA**

sas dependendo do dia – isso também não é problema. Se há dias em que você acha que tem controle sobre suas finanças e outros em que acha que suas finanças estão totalmente fora de controle, você pode atribuir duas notas a si mesmo – para os dias bons e para os dias ruins (embora a realidade é que sua "verdadeira" nota provavelmente seja algo entre essas duas). É possível também que algumas afirmações não se apliquem a você. Isso é apenas um ponto de partida, uma oportunidade para analisar sua vida como ela é hoje. Certamente você pode acrescentar ou eliminar coisas da lista, tornando-a mais personalizada e apropriada para você. Se se sentir indeciso sobre qualquer item, passe para o próximo – sempre pode voltar mais tarde.

Também quero que anote se encontrar alguma afirmação que considera ultrajante, tola, irresponsável ou fora da realidade para qualquer pessoa atribuir nota 10. Caso isso aconteça, sugiro que as marque com um asterisco, ponto de exclamação ou algo semelhante e volte a elas mais tarde – alguns capítulos mais adiante talvez –, quando sua vida estiver mudando assim como suas expectativas.

1–10

(1 = Não é verdade; 10 = É verdade sempre)

Estou no relacionamento perfeito para mim	_____
Confio que o relacionamento perfeito está a caminho	_____
Amo o trabalho que faço	_____
Estou no caminho profissional perfeito para mim	_____
Sinto-me empolgado em ir ao trabalho	_____
Sempre sou sincero comigo mesmo	_____
Sei o que quero	_____
Não tenho dúvidas sobre minhas metas, sonhos e ambições	_____

Estou perseguindo minhas metas, sonhos e ambições ———

Sou fisicamente saudável ———

Sinto-me ágil e alerta ———

Amo meu corpo ———

Gosto de me exercitar regularmente ———

Gosto de férias e folgas para recarregar as energias ———

Tenho controle sobre minhas finanças ———

Como alimentos nutritivos e saudáveis ———

Não tenho vícios ———

Tenho um círculo de amigos que me apoiam ———

Encontro tempo para fazer coisas de que gosto com frequência ———

Sempre imagino os melhores resultados possíveis ———

Sinto-me mental e emocionalmente equilibrado ———

Tenho um relacionamento excelente com meus pais ———

Dedico tempo para desfrutar com meus filhos ———

Meu lar é um santuário ———

Durmo bem e acordo revigorado todos os dias ———

Tenho um senso de "propósito" na vida ———

Meu papel no mundo é importante ———

Acredito em uma força mais poderosa do que eu ———

Sou feliz com minha vida ———

Estou em paz com meu passado ———

Este inventário é seu ponto de referência e tem o objetivo de ajudá-lo a ver onde está no momento. É uma maneira de trazer à tona sentimentos que você preferiria ignorar, e em algumas situações suas notas podem surpreendê-lo. Elas certamente podem surpreender outras pessoas, mas sugiro que as mantenha confidenciais ou as compartilhe apenas com pessoas em quem confia e que o apoiem incondicionalmente em sua jornada.

COISAS PARA FAZER HOJE: Preencha todo o inventário se puder. Caso contrário, preencha o que tiver tempo para fazer – mesmo que seja apenas uma área de sua vida; você sempre pode completar o resto depois. Preencher um item por vez já representa um passo adiante. Simplesmente faça o que puder, quando puder.

Conheça a Si Próprio

Suas notas já terão lhe dado uma ideia clara das áreas de sua vida em que há espaço para melhorar. Algumas delas – independentemente do número atribuído – podem carregar uma carga emocional maior do que outras. Por exemplo, um 3 para "Durmo bem e acordo revigorado todos os dias" pode desencadear uma aceitação e a percepção de que sono é uma área que requer atenção (só isso já pode estimular outras notas a subir!), mas um 3 para "Estou no relacionamento perfeito para mim" pode resultar em uma onda de emoções desconfortáveis.

COISAS PARA FAZER HOJE: Avalie toda sua vida em uma escala de 1 a 10 (onde 1 corresponde a "nada está acontecendo como eu quero" e 10 corresponde a "a vida está simplesmente perfeita"). Depois veja o que você pode fazer hoje para aumentar esta nota um ponto, e quem sabe dois?

Saiba que tudo o que está fazendo é trazer à tona coisas que no fundo já sabia.

Seja gentil consigo mesmo. Se alguma das áreas o surpreendeu, saiba que tudo o que está fazendo é trazer à tona coisas que no seu íntimo você já sabia. Repressão e depressão parecem semelhantes por boas razões: se você ignora e reprime sentimentos, estes não desaparecem, eles simplesmente ficam represados e resurgem sob outras formas até que você tenha que lhes dar atenção. O maior presente que você pode se dar é ouvir seu íntimo e começar a fazer mudanças naturalmente antes que a mudança lhe seja imposta. E se sentir a necessidade de suspirar e dizer "Mas não posso ser tão egoísta, existem pessoas que dependem de mim e elas vêm primeiro", então lembre-se do que dizem durante as instruções de segurança nos aviões: "em uma situação de emergência, pessoas com crianças devem colocar primeiro sua máscara de oxigênio antes de auxiliar a criança" – caso contrário, elas talvez não consigam ajudar em nada!

O que Fazer a Seguir

Então agora você tem uma sequência de números ao lado de uma lista de afirmações sobre sua vida – um indicador claro de "onde você está no momento". O que aconteceria se você não fizesse nada diferente? Se continuasse repetindo os mesmos padrões de comportamento e desempenhando os mesmos papéis? Em minha opinião, três coisas podem acontecer:

1 Nada vai mudar.

2 As coisas podem piorar.

3 Você não conseguiria resistir à mudança para melhor – porque às vezes a conscientização em si é curativa.

22 HOJE É O DIA QUE **IRÁ MUDAR SUA VIDA**

E o que aconteceria se você começasse a fazer as coisas de maneira diferente – de uma maneira positiva mais adequada a você? Aqui as possibilidades são infindáveis, mas algumas delas seriam:

1 Você poderia começar a se sentir melhor imediatamente – agora.

2 As coisas podem melhorar cada vez mais, dia após dia.

3 A vida ganharia um novo ar empolgante e de possibilidades.

4 Você poderia começar a sentir uma vitalidade que jamais teve.

5 No longo prazo, você voltaria ao controle de sua vida.

6 As coisas poderiam passar por um período ligeiramente desconfortável enquanto você e os outros se adaptam à mudança. Esteja preparado para essa possibilidade e saiba que é passageiro.

Seu Futuro

Vamos considerar dois cenários. Primeiro, quero que você se imagine daqui a 20 anos se permanecer no mesmo curso de vida e não fizer nada diferente. Imagine que as coisas simplesmente permaneceram iguais (ou até pioraram) nos próximos 20 anos. Como você se vê? Como seria esse futuro você? O que você estaria fazendo? Como estaria sua saúde e vitalidade? Onde você estará? Com quem? Em que nível de felicidade você estaria em uma escala de 1 a 10 (onde 1 corresponde a muito infeliz e 10 a extremamente feliz)?

Agora quero que você se imagine daqui a 20 anos depois de fazer muitas mudanças positivas em sua vida. Imagine que você leu a análise de sua vida neste livro e se comprometeu a agir para mudá-la para melhor. Imagine que obteve sucesso em tudo o que queria fazer. Como acha que seria este futuro? Quem mais estará com você? Em que nível você estaria em uma escala de felicidade de 1 a 10? Quero que imagine esses dois possíveis futuros. Até dê um nome para cada um. E quero que os use como estímulo quando precisar de uma mão amiga. Quando estiver frente a decisões – desde o que comer no jantar a qual carreira seguir –, consulte cada um desses futuros e veja que decisão teriam tomado, que conselho eles podem lhe dar. A quem você vai ouvir?

Uma amiga cuja vida estava em rota de colisão com o desastre experimentou este exercício e os nomes que deu para seus dois possíveis futuros foram autoexplanatórios: Sra. Morte e Sra. Vida. Quando estava frente a mais um fim de semana de bebedeira, ela consultava os dois e aceitava o conselho do segundo futuro. Hoje ela se descreve como mais viva do que jamais se sentiu.

 COISAS PARA FAZER HOJE: Reserve um tempo em sua agenda para pensar em seu futuro. Ou pense sobre eles quando tiver um momento para si – talvez em uma viagem curta.

2
HOJE
É O DIA
DE SABER O QUE VOCÊ NÃO QUER MAIS

Sua intenção de fazer mudanças existe porque alguma coisa em sua vida não serve mais para você, ou nunca serviu. A intenção é uma força poderosa e é sua para usar a qualquer momento. O mundo pode estar desabando a sua volta, mas o modo como você reage não depende das circunstâncias, está sob seu controle (acredite em mim – você pode não estar sentindo isso agora!). Infelizmente, em nossa vida muitas vezes atribulada e caótica, podemos perder isso de vista e nos tornarmos vítimas das circunstâncias – indo de um aparente infortúnio para outro. Se isso se parece com o momento que está vivendo agora, então parabéns, porque agora você tem em suas mãos um "bote salva-vidas" e vamos direcioná-lo você para onde você quiser. E um passo para isso é determinar para onde você *não* quer ir.

COISAS PARA FAZER HOJE: Pare imediatamente e verifique consigo mesmo. O que você não quer fazer hoje? O que pode fazer para mudar isso? Que escolha(s) diferente(s) poderiam ser feitas? Se a mudança for muito grande, como é possível dividi-la em partes menores? Como você pode fazer uma mudança de 5, 10 ou 20%?

Deixe-me começar com uma metáfora. Imagine que sua vida seja uma casa, completa, com todas as dependências, móveis, armários, gavetas e prateleiras cheias de coisas, com seus cantos ocultos, sua decoração e inclusive anexos, uma garagem, um jardim – ou mais. Agora imagine que você queira mudar esta casa; você deixou de se sentir confortável lá porque ela não lhe parece adequada mais (talvez nunca tenha sido). Talvez você queira redecorar, reorganizar ou mudar a disposição do que já tem lá, ou talvez queira se desfazer de parte das coisas antigas e trazer outras totalmente novas, ou até mesmo queira se mudar para outro lugar. Por onde você começa?

28 HOJE É O DIA QUE **IRÁ MUDAR SUA VIDA**

Remendar raramente é uma boa solução

Uma opção seria pintar com outra tinta ou trocar o papel de parede, mudar algumas coisas de lugar ou comprar algo novo para acrescentar ao que já tem. Outra opção seria vender a casa e se mudar. Em ambas as situações, a menos que dê uma boa e honesta avaliada no que já tem, que decida o que não quer mais ou do que não precisa mais e que tenha certeza do que serve e do que não serve mais, você poderá continuar se sentindo igualmente insatisfeito. Remendar raramente é uma boa solução, tampouco ajuda ficar comprando coisas novas quando você ainda não verificou o que já tem. E medidas radicais, como se mudar de mala e cuia para o outro lado do mundo, não vão – em si – proporcionar a casa (ou a vida) de seus sonhos.

Às vezes é difícil determinar exatamente o que queremos. Quando sua vida está cheia de coisas que não queremos, pode ser difícil enxergar além delas. E muitas vezes é difícil ter certeza exata do que não queremos, porque acabamos nos acostumando com as coisas e nunca questionamos se elas continuam boas para nós. Simplesmente não sabemos! Se isso é um enigma conhecido para você, sugiro que comece uma faxina geral.

Faxina Geral

Muito bem, é hora de fazer uma faxina e jogar as velharias fora, tudo aquilo que você já não precisa mais, as coisas que herdou, mas nunca quis realmente, a bagagem que cansou de carregar e as obrigações que o desgastam. É hora de fazer uma faxina geral em sua vida!

Uma das maneiras mais fáceis de começar é fazer uma lista de "Coisas que Não Quero Mais". Anote tudo o que não quer mais em sua vida. Pegue uma folha de papel (ou duas) e descarregue. Podem ser situações, eventos, objetos – até mesmo pessoas... e isso não tem problema. Tire todo esse peso do peito e da cabeça e ponha tudo no papel. Você pode considerar útil usar o que às vezes é chamado de fluxo de consciência – uma forma de narrativa em que se escreve o que vem à mente, deixando as palavras fluírem naturalmente, sem corrigi-las. Não se preocupe com ortografia e gramática – ou mesmo com o "sentido" neste momento. Simplesmente use esta oportunidade para ser verdadeiramente honesto sobre o que não quer mais. Continue escrevendo mesmo se se sentir embotado; se as palavras parecerem acabar, apenas esboce ideias até que consiga escrever novamente. Não comece a censurar o que já escreveu agora – espere para ver o que surge.

Escreva tudo o que você acha irritante, frustrante e doloroso, as coisas que estão lhe atrapalhando e contribuindo para que você se sinta insatisfeito e não realizado, as coisas de que você já cansou e as coisas que quer mudar. Escrever é importante – e pode ser tranquilizador. Lembre-se, toda ação na vida é precedida de um pensamento, mas geralmente nossos pensamentos não são claros ou não estamos plenamente conscientes deles. Anotá-los pode ajudá-lo a ganhar ciência de seus pensamentos, a cristalizá-los e entendê-los melhor. Só então você pode ficar verdadeiramente motivado a tomar a atitude necessária para uma mudança positiva.

IMAGINE UMA MUDANÇA

Se você não conseguir escrever sua lista de "Coisas que Não Quero Mais" inteira agora, comece pensando em uma única coisa que estará na lista. Tenha bem claro em sua mente o que você vai escrever. Com isso claro, quero que inverta o processo determinando o que quer no lugar disso. Novamente, seja o mais claro e específico possível. Agora transforme isso em um mantra, começando com a palavra: "Estou...". Declare o que você quer como se já tivesse conseguido, por exemplo, "Não quero este trabalho. Quero um trabalho novo" se transforma em "Estou fazendo um trabalho de que gosto". Repita esse mantra para si

30 HOJE É O DIA QUE **IRÁ MUDAR SUA VIDA**

ao longo do dia. Torne isso tão real quanto possível. Com este exercício simples e rápido, você deu início a uma cadeia de reações. Você já fez uma mudança. E para uma coisa apenas, você pode praticar durante algum trajeto curto ou nos cinco minutos em que espera por alguém.

Às vezes ajuda usar títulos na lista para concentrar seu pensamento em áreas específicas, tais como trabalho, relacionamentos, saúde, vida social, finanças, etc. Não tem problema se as páginas parecerem bagunçadas ou desorganizadas, ninguém mais lerá além de você. Escreva sem reprimir-se até que tenha descarregado tudo no papel. Nada é insignificante ou grande demais para sua lista de "Coisas que Não Quero Mais".

Uma vez que você sabe o que não quer, está a um passo de saber o que quer – e do que precisa mudar para conseguir isso. Livrar-se de coisas antigas também dá espaço para coisas novas.

Para algumas pessoas, até mesmo identificar o que não querem é difícil, e podem existir muitas razões para isso. Se você se inclui nesta categoria, eis uma outra abordagem: pegue papel e caneta e simplesmente descreva como as coisas estão agora – sem julgar ou rotular isso como "bom" ou "ruim", como "coisas que você não quer" ou "coisas a mudar". Apenas seja honesto e reveja onde você está agora, o que está acontecendo a cada dia, a cada semana. Use títulos se isso ajudá-lo a manter o foco: trabalho, relacionamentos, família, saúde, finanças, vida social, etc.

> *O trabalho está me estressando muito.*
>
> *Vivo preocupado com minhas contas e meu dinheiro.*
>
> *Meu relacionamento não vai bem, não estamos nos comunicando muito.*
>
> *Não passo muito tempo com meus filhos.*
>
> *Estou gostando de ir à academia.*

Faça uma avaliação honesta de sua situação atual. Quando as coisas forem expostas e avaliadas, seus sentimentos sobre elas virão à tona e vão motivá-lo a fazer mudanças.

Hora da Transformação

Identificar o que você não quer mais em sua vida é um motivador muito positivo para a mudança. Mas não adianta parar aí. Focar no que você não quer é um degrau para um lugar melhor, não uma morada para se acomodar. Para conseguir o que deseja, é preciso ter foco!

Não importa sua idade, você tem alguns anos de experiência de vida. Se você acumulou sentimentos negativos sobre essas experiências, provavelmente vê a vida de forma negativa, e sua maneira de ver a vida influenciará tudo o que fizer. Da mesma maneira, se você acumulou sentimentos positivos sobre a vida, suas ações e reações refletirão isso. Nossas experiências criam nossa crença sobre o mundo. As imagens que você cria em sua mente e a maneira como conversa consigo mesmo (nosso diálogo interior) baseiam-se em sua experiência pessoal e crenças sobre a vida – não na realidade –, e sua vida refletirá isso. É por isso que sempre conseguimos mais daquilo em que focamos na vida.

COISAS PARA FAZER HOJE: Escolha seus pensamentos sabiamente. Se você focar no que não quer, acabará tendo mais do mesmo! Em vez disso, foque no que quer.

Um exemplo clássico foi a nevada em 2010. Eu amo neve! Ela me lembra viagens para esquiar, expedições de trenó, a diversão de fazer um boneco de neve, as risadas e a animação das guerras de bolas de neve, a empolgação de criar um tobogã de gelo e a pitoresca perfeição de uma paisagem coberta de neve. Ah, e há também a fogueira crepitando, as canecas com sopa fumegante... você pode imaginar.

Mas tenho um amigo (embora ele admita ter se divertido com a neve em algumas ocasiões) que vê a neve como um frio e terrível empecilho para seu trabalho externo com cavalos. Isso o lembra de canos congelados, escorregões para atravessar o campo com baldes de água, motores que não pegam e problemas de saúde por causa do frio.

Então, quando a neve chegou, as imagens e pensamentos que passaram por nossa mente como resultado do mesmo cenário cheio de neve foram bastante diferentes – assim como nosso humor e, consequentemente, nossas experiências. Obtemos mais daquilo em que focamos – seja isso negativo ou positivo. Portanto, focar em uma lista de "Coisas que Não Quero Mais" não é uma boa ideia – a menos que você queira

Obtemos mais daquilo em que ficamos

criar mais do mesmo! Para começar, quero que você redirecione seu foco imediatamente trocando o título de sua lista para: "Coisas Que Vou Mudar".

Agora vamos redirecionar o foco para o que você *quer*, a partir do que estabelecemos que você *não quer*. Para cada item de sua lista de coisas que vai mudar, quero que "transforme" isso definindo o que "quer", usando as palavras "Meu objetivo é...". A seguir estão alguns exemplos para ajudá-lo:

Não Quero	Possíveis Transformações
Não quero ficar neste trabalho	Meu objetivo é encontrar outro trabalho
	Meu objetivo é ser um...
	Meu objetivo é montar meu próprio negócio
	Meu objetivo é voltar a estudar

▶

HOJE É O DIA DE SABER O QUE VOCÊ NÃO QUER MAIS 33

Não Quero	*Possíveis Transformações*
Não quero brigar o tempo todo com meu(minha) companheiro(a)	*Meu objetivo é procurar aconselhamento*
	Meu objetivo é terminar o relacionamento
	Meu objetivo é encontrar o relacionamento perfeito para mim
	Meu objetivo é mudar meu comportamento
Não quero ficar acima do peso	*Meu objetivo é perder peso*
	Meu objetivo é estar em forma
	Meu objetivo é me sentir melhor comigo mesmo
	Meu objetivo é usar tamanho...

Cuide para que sua declaração de transformação seja do tipo positiva. Se uma das coisas que você quer mudar é "o seu peso", talvez fique tentado a transformar isso em "Meu objetivo é parar de comer coisas que engordam". Você percebe como isso continua sendo mais um "Não Quero"? Uma alternativa seria "Meu objetivo é comer alimentos nutritivos e saudáveis", e/ou "Meu objetivo é fazer exercícios regularmente e ficar em forma".

Agora você tem um objetivo a perseguir, algo positivo em que se concentrar. Você deu a seu cérebro um "dispositivo de rastreamento" e isso o ajudará a encontrar o que quer – em vez de se manter girando em um redemoinho de coisas que não quer. Às vezes é mais simples do que parece! Se você realmente sabe o que quer, pode começar fazendo escolhas diferentes agora e sua vida começará a mudar. Continue fazendo as mesmas coisas e terá os mesmos resultados. Escolhas diferentes significam a uma vida diferente.

UMA MUDANÇA RÁPIDA

Durante uma sessão de consultoria, um cliente deu-se conta do quanto focava no que não queria – e como isso lhe dava mais do mesmo. No final da sessão, sugeri a ele fazer o exercício da lista anterior como um passo para descobrir o que de fato quer. Cheio de entusiasmo, ele pegou uma caneta e um bloco emprestados para começar já no caminho de volta para casa.

A vez seguinte em que nos encontramos foi bem diferente. Ele explicou como foi impossível escrever a lista a caminho de casa: o metrô estava lotado e ele não conseguiu se concentrar. Em vez disso, ele resolveu relaxar, fechar os olhos e imaginar o que poderia ter na lista. No topo da lista estava algo que ele decidiu enfrentar naquela mesma noite. Ele não queria ser criticado de novo pela esposa por querer assistir à TV por meia hora, em vez de falarem sobre como foi o dia de cada um assim que entrasse pela porta. Ele descreveu como só pensar no cenário cotidiano já o deixava irritado.

Sua transformação foi: "Quero passar meia hora relaxante na frente da TV e depois desfrutar de uma conversa agradável com minha mulher". Ele deixou sua imaginação criar o cenário perfeito para si, e quanto mais fazia isso, mais relaxava – tanto que até adormeceu. Revigorado e relaxado, ele desfrutou a curta caminhada entre a estação e sua casa e, pela primeira vez que conseguia se lembrar, entrou em casa sentindo-se calmo e em paz no final de um longo dia.

E foi aqui, nas palavras dele, que "a mágica começou". E prosseguiu descrevendo como o cenário exato que havia imaginado durante o trajeto de trem se revelou na frente de seus olhos. Sua mulher ficou feliz em vê-lo, não houve bate-boca, ele sentou e relaxou na frente da TV por meia hora, e então no jantar eles conversaram alegremente sobre como foi o dia de cada um.

Imaginar o que ele queria mudou seu estado de tal forma que sua mulher reagiu de maneira muito diferente com ele. Em vez de se deparar com um marido tenso e ansioso que aparentemente queria ignorá-la por meia hora, ela encontrou um homem calmo e relaxado que precisava de um tempinho para si antes de desfrutar um agradável jantar e bate-papo. Mágico!

Agradando Pessoas

Se você subtrair 2 anos de sua idade, terá a quantidade de anos que gastou aprendendo a agradar os outros. Desde pequenos aprendemos a fazer coisas que agradam a nossos pais, avós, parentes e amigos. Buscamos elogios, reconhecimento e aprovação – queremos nos adequar. E até certo ponto, isso é bom e tem seu papel na criação de uma sociedade estável e cooperativa. No entanto, conforme esta tendência se prolonga na escola, universidade, trabalho e relacionamentos, podemos perder de vista o que queremos, em oposição ao que fazemos para agradar às outras pessoas. Você talvez note que sua lista de "Coisas que Não Quero Mais" inclui coisas que você fazia para se adequar e agradar aos outros.

SENDO HONESTO CONSIGO MESMO

Quando criança, John aprendeu que a melhor maneira de ganhar elogios e amor era dizer coisas amáveis para seus pais – isso os distraía de suas preocupações com computadores, trabalho e com a TV, e lhe proporcionava muitos abraços. Quando foi para a escola, ele aplicou a mesma tática com os amigos e às vezes eles riam dele, então ele passou a imitá-los e a gozar das outras crianças – funcionou porque todo mundo ria! Já no ensino superior, ele aperfeiçoou a arte de se fazer de palhaço, só que agora isso o meteu em encrencas e ele se sentiu bravo e frustrado. Ele tentou alguns relacionamentos, buscando os mesmos elogios e amor que recebia dos pais, e parecia funcionar – se ele fizesse o que a outra pessoa queria e dissesse coisas que a agradassem, ela gostaria dele. O trabalho trouxe novos desafios e mais uma vez a melhor tática parecia ser simplesmente concordar com o chefe – gostando de John, ele o promovia... a vida era boa. Mesmo?

Na verdade, não era. John se perdeu em sua preocupação constante em agradar aos outros. Ele não sabia mais o que realmente queria para si; estava tão obcecado em parecer adequado que se descrevia como "geralmente infeliz". Felizmente, John percebeu que desejava mudar de vida e começou identificando o que não queria mais. Ele também começou a ser autêntico e honesto consigo mesmo, sempre gentil e solícito, mas não mais um capacho em detrimento de seu próprio bem-estar. John agora tem um casamento feliz e trabalha no que gosta. E construiu naturalmente um maravilhoso círculo de amigos que gostam dele do jeito que ele é.

Colocando-se em Primeiro Lugar

Repetidamente, muitos clientes se sentem desconfortáveis com a ideia de se colocarem em primeiro lugar. E repetidamente, eu os lembro para adotarem uma visão equilibrada e sintonizarem seu radar "quem ajudar". É claro, existem ocasiões em que os outros precisam ter prioridade (uma criança doente, um parente fragilizado, um companheiro com problemas) e ninguém precisa dizer quando é esse o caso porque geralmente é óbvio e inegociável. No entanto, se não tomarmos conta de nós mesmos, não conseguiremos ser de boa ajuda para os outros. Então, mesmo nas ocasiões em que decidimos colocar os outros na frente, eles se beneficiarão mais se encontrarmos também uma maneira de nos cuidarmos – mesmo que em pequenas doses. Se você é uma pessoa que está sempre à disposição, alguém a quem todos recorrem para fazer o que é necessário, alguém que sempre diz "sim" quando lhe pedem ajuda, está na hora de virar a mesa. Da próxima vez que alguém pedir para você fazer algo que vai lhe exigir tempo e esforço diga: "Não sei se poderei ajudar". Diga que vai checar sua agenda e responder amanhã (ou depois de amanhã). Pare para refletir se você realmente tem, e está disposto a dar, o tempo e a energia necessários – e prepare a pessoa para um possível "não".

HOJE É O DIA DE SABER O QUE VOCÊ NÃO QUER MAIS 37

COISAS PARA FAZER HOJE: Identifique uma área de sua vida em que está procurando se adequar, onde está colocando os outros na frente para ser aceito/receber aprovação/manter a paz. Pergunte-se, caso tivesse garantido um resultado positivo, o que faria diferente/como poderia mudar para ser mais autêntico hoje? Que pequeno passo você poderia dar? Para o que você poderia dizer "não"? E para o que poderia dizer "sim"? Ser honesto consigo mesmo é um dos maiores presentes que você pode dar a si mesmo – e aos outros!

Ser honesto consigo mesmo é um dos maiores presentes que você pode dar a si – e aos outros!

3

HOJE É O DIA DE DECIDIR O QUE VOCÊ REALMENTE QUER

HOJE É O DIA DE DECIDIR O QUE VOCÊ REALMENTE QUER   41

Então você tem consciência e quer que as coisas sejam diferentes. Sabe que a vida como está agora não tem qualidade. Mas você sabe com clareza o que REALMENTE quer? Como quer exatamente que sua vida seja? Felizmente, a esta altura já está bem mais claro o que você *não* quer, e isso já é um grande começo, mas tentar agir com base somente no que você não quer é como sair de viagem sem saber para onde vai – útil até certo ponto! Aposto que se você sentasse no banco do passageiro de um carro e dissesse ao motorista os lugares aonde não quer ir, não chegaria muito longe e, além disso, provavelmente acabaria discutindo com ele também. Ou imagine-se indo ao supermercado com uma lista do que não quer comprar!

Uma pesquisa com pessoas que estão vivendo seus sonhos mostra que uma das coisas que essas pessoas felizes têm em comum é que todas sabiam o que queriam. A visão delas sobre propósito era firme, porém nunca talhada em pedra – porque outro aspecto em comum é a habilidade em ser flexível e aberto a novas possibilidades. Às vezes, o simples ato de decidir o que você realmente quer desencadeia uma sequência mágica de ações, e antes que perceba estará fazendo/sendo/tendo o que desejava. No entanto, este processo mágico deve vir acompanhado de uma advertência, que é *tenha cuidado com o que deseja.*

> **Às vezes, o simples ato de decidir o que realmente queremos desencadeia uma sequência mágica de ações**

QUANDO OS DESEJOS SE TORNAM REALIDADE

Um amigo meu fazendeiro estava se sentindo farto de tomar conta de seu imenso rebanho de vacas. Ele gostaria de não ter de tomar conta de tantas cabeças. Ele desejava muito um dia não ter de prestar atenção para não esquecer a porteira aberta ao sair. Naquela mesma

▶

> noite seu desejo se tornou realidade (embora por um curto período de tempo) – não havia sobrado nenhuma vaca na propriedade. Felizmente, a história teve um final feliz. Todas as vacas foram encontradas ilesas e voltaram com um mínimo de esforço para o pasto. E meu amigo fazendeiro decidiu que era hora de pensar sobre o que ele realmente queria – agora ele é meu amigo carpinteiro.

No entanto, para a maioria das pessoas chegar ao destino escolhido na vida é um processo menos mágico e mais prático, indo passo a passo (embora valha reiterar que pode frequentemente parecer que a mágica está em ação quando se tem uma ideia clara do que realmente se quer). E com os avanços na física quântica, está cada vez mais evidente que a vida de fato tem o que no passado era visto como qualidades mágicas. Há muitas provas da influência da mente sobre o corpo – nem mesmo é preciso tocar nossa cabeça para termos acesso aos pensamentos que não habitam apenas os confins de nosso corpo. Como se explica que às vezes você sabe quem está do outro lado da linha antes mesmo de atender ao telefone (antes mesmo de ele tocar!) e o que às vezes faz você mudar seu caminho ou seus planos só para descobrir mais tarde que foi uma atitude sábia?

COISAS PARA FAZER HOJE: Ponha sua mente para trabalhar a seu favor. O que você quer sentir neste momento? Você está sentido alguma dor, incômodo ou tensão no corpo? Você está se sentindo estressado, preocupado, ansioso ou inseguro em relação a alguma coisa? Feche seus olhos, respire fundo e concentre seus pensamentos naquilo que está sentindo em seu corpo ou sua mente e que deseja mudar. Concentre-se em abrandar ou aquecer, esfriar ou cuidar de tal pensamento ou sensação... aquilo que lhe parecer mais apropriado.

HOJE É O DIA DE DECIDIR O QUE VOCÊ REALMENTE QUER 43

Quero contar um segredo: existe uma pequena parte de você (bem, a maioria das pessoas são assim) que não quer mudar. Por mais desconfortável que seja, o "familiar" pode parecer singularmente confortável. Bem, a boa notícia é que podemos ajudar esta pequena parte de você a se sentir segura e confortável com as mudanças que neste momento podem parecer apavorantes. Mudanças não devem envolver saltar de um precipício (metaforicamente falando), até mesmo as maiores mudanças ocorrem com pequenas atitudes e, muitas vezes, mudanças mínimas é tudo o que se precisa para fazer uma grande diferença na vida. E elas podem acontecer imediatamente!

Mude algo minimamente, e seu resultado será diferente

Se você estivesse prestes a lançar um foguete ao espaço – rumo à Lua – e no último minuto mudasse uma mínima fração da trajetória, acabaria em outro lugar. E a vida é assim. Mude algo minimamente, e seu resultado será diferente. Mude algo, qualquer coisa, agora, e sua vida começará a mudar.

FAÇA ALGO DIFERENTE

A vida geralmente é feita de uma série de hábitos e rotinas – coisas que sempre fazemos –, o que é bom se tais hábitos e rotinas criarem a vida que você realmente deseja; caso contrário, precisará de algo diferente. Comece pequeno – em qualquer área da vida – e, assim como jogar a menor das pedras na água, isso criará agitação. A seguir estão algumas sugestões para você começar (pense em algumas próprias também):

Escolha um caminho diferente para o trabalho/escola/lojas.

Coma algo diferente no café da manhã.

Passe um dia sem assistir à TV. ▶

Faça cinco minutos de alongamento/yoga quando sair da cama.

Vista algo diferente.

Vá a algum lugar em que nunca esteve antes.

Fale com alguém com quem nunca falou antes.

Escreva três páginas com pensamentos a esmo.

Vamos Começar

O que você realmente quer?

Sei que só perguntar já deixa muitos de nós gelados de indecisão, mas o que disser agora não precisa ser sua resposta final – ninguém vai cobrar isso de você –, é apenas uma maneira de deixá-lo aquecido e pronto para a ação. Veja isso como um exercício se quiser. Vamos lá, nada é grande demais ou pequeno demais: o que você *realmente* quer? Dê uma resposta sem filtro, censura, ou manipulação, esqueça por um momento os "mas" e os "e se". Respire fundo, relaxe e pergunte-se de maneira calma e clara o seguinte:

"O que realmente quero?"

Agora feche os olhos para deixar que as respostas surjam em sua mente – elas podem vir na forma de uma imagem, uma palavra, um sentimento ou um som. Pode ser ALTO e claro, ou baixo e dúbio, pode ser demorado ou rápido, pode ser uma longa lista ou apenas uma frase... pode não vir nada. Mas se vier, anote.

Aprenda a se ouvir

Provavelmente você não tem se ouvido de maneira adequada há um bom tempo. Talvez esteja muito ocupado para prestar atenção em alguns sentimentos que estão em ebulição. Trate essa parte sua que sabe a resposta como uma criança insegura que tem medo de falar ou que não está acostumada que lhe façam perguntas. Discutir, ficar frustrado, irritado e pressionar não vai funcionar. Se você ficar tenso e bravo com ela, não haverá respostas. No entanto, se transmitir confiança, permanecer calmo, aberto e, simplesmente, "estiver lá" pronto para ouvir quando ela estiver pronta para falar, então essas respostas virão.

Imagine por um momento que a sua parte que sabe a resposta está separada de você. Ela está acostumada a ser ouvida? Ou tem sido ignorada há um bom tempo? Será que está mais acostumada a mandarem que cale a boca e deixe os outros passarem na frente? Ou foi gozada e ridicularizada por seus desejos no passado? Seja paciente, talvez você precise reencontrar sua "voz interior" e, assim como um músculo não utilizado e atrofiado, colocá-lo em forma novamente. Assim como uma criança que tem medo de falar, talvez você precise apenas mostrar a ela que está interessado e prestando atenção, pronto para ouvir quando ela estiver pronta para falar – então ela o surpreenderá com algo muito detalhado. Seja encorajador e atencioso consigo mesmo!

Fique atento para coisas que podem atrair sua atenção quando começar a explorar o que realmente quer. Uma parte de você ouviu a pergunta e está pronta e trabalhando na resposta, ou respostas. Você pode de repente se pegar atraído por uma página de um livro, revista ou jornal, uma pequena placa na vitrine de uma loja ou um imenso outdoor. Ou talvez você ouça algo no rádio, ou veja algo na TV, ou escute uma conversa. Se algo repentinamente atrair sua atenção, preste atenção. Lembro-me de ter me perguntado "o que eu quero?" algum tempo atrás e me sentido um tanto desesperada pela falta de uma resposta aparente. Mas a vida estava atribulada e minha "cabeça" estava cheia, havia pouco espaço para qualquer coisa. Até que passando por uma livraria a caminho de casa, me senti atraída a entrar e dar uma olhada nas prateleiras – tinha cinco minutos inteiros para gastar. Entre as centenas de livros, minha atenção foi para apenas um: exatamente aquele que motivou a resposta para minha pergunta! Levou menos de cinco minutos para gerar uma mudança de vida.

Faça perguntas a si próprio

E você pode fazer perguntas diferentes também. Ou fazer as mesmas perguntas várias vezes a cada dia. (Não há problema em repetir uma pergunta ao longo do dia contanto que se sinta confortável com isso; não será bom se você se sentir pressionado e irritado.) Faça o que for melhor para você. Outras perguntas podem ser:

"O que posso fazer para mudar minha vida já?"
"O que posso fazer para melhorar minha vida?"
"O que me deixaria feliz?"
"O que quero mais?"
"O que quero menos?"
"Do que preciso exatamente agora?"
"O que eu faria se tivesse o sucesso garantido?"
"O que é melhor para mim?"

Faça perguntas a si próprio quando estiver no carro, caminhando de um lugar para outro, veja o que acontece. Faça perguntas a si próprio antes de se deitar e veja como se sente pela manhã. Escreva uma pergunta ou mais em blocos adesivos e espalhe pela casa ou pelo escritório como lembretes.

 COISAS PARA FAZER HOJE: Imagine que você tem 90 anos de idade (ou mais) e está avaliando sua vida. Existe alguma coisa que gostaria de ter feito? Existe alguma coisa que se arrepende de não ser ou não ter? Como gostaria que as pessoas se lembrassem de você?

LEMBRE-SE: A resposta(s) para sua(s) pergunta(s) pode(m) vir de pequenos gestos ou de fontes inesperadas – elas podem não ser exatamente momentos "eureka".

Se você está acostumado a se fazer perguntas, pode praticar ao longo do dia. Para muitas pessoas, decidir o que realmente querem é um processo de redescoberta – após anos fazendo o que os outros querem que você faça e colocando-se em qualquer lugar, menos em primeiro, você simplesmente não sabe mais. Então pratique se fazendo perguntas ao longo do dia. Nas situações em que normalmente reagiria com um "sim" ou um "não" (sem pensar), pare e se pergunte "o que eu realmente quero fazer agora?". Redescobrir sua habilidade de fazer escolhas sobre sua vida – até mesmo pequenas coisas – cria autoconfiança e torna muito mais fácil responder às grandes questões. Quero ir à academia depois do trabalho ou a um barzinho? Quero encontrar meus amigos ou ir para casa e relaxar? Acostume-se a se questionar e a prestar atenção no que acontece e o que você sente como resultado.

PROCURANDO PISTAS

Pegue um papel e uma caneta (ou seu computador) e anote tudo o que lhe dá prazer, as coisas que ama fazer, seus sonhos e fantasias, suas paixões, hobbies, interesses e desejos. Você não precisa corrigir o que escreveu ou se preocupar com que faça sentido, simplesmente anote as coisas que fazem você se sentir bem e então procure nisso pistas para o que mais quer na vida. Comprometa-se a escrever por 15 minutos e mantenha a caneta em movimento sem parar. A seguir estão alguns pensamentos e perguntas para ajudá-lo:

> Pense sobre os lugares e os momentos em que se sente mais à vontade e disposto.

▶

48 HOJE É O DIA QUE **IRÁ MUDAR SUA VIDA**

Quais atividades aumentam sua energia?

Lembre-se dos momentos em sua vida quando sua saúde esteve excelente. O que estava acontecendo nessa época? O que você estava fazendo?

Que assuntos despertam seu interesse?

Sobre o que você se entusiasma e pode falar sem parar?

Quais são seus filmes favoritos?

Que tipo de livro prende você?

O que o comove?

Existe alguma coisa que você faz que lhe envolve e o faz perder a noção do tempo?

Existem pessoas que você admira e respeita (mesmo sem conhecer pessoalmente)?

Quem o inspira? Que qualidades essas pessoas têm que você admira tanto? São essas qualidades que você deseja para si?

Procure em suas respostas pistas de coisas que gostaria de ter mais em sua vida e caminhos que gostaria de explorar.

Um Porsche novinho em folha

Quando perguntadas sobre o que realmente querem, muitas pessoas respondem algo mais ou menos assim:

Um Porsche novo.

Férias exóticas.

Um milhão de reais/dólares/euros.

Uma casa maior com piscina.

Um companheiro perfeito.

HOJE É O DIA DE DECIDIR O QUE VOCÊ REALMENTE QUER 49

Se sua resposta combina com qualquer uma dessas, então é necessário um pouco mais de pesquisa para descobrir o que você realmente quer. Não estou nem por um minuto questionando seu desejo por coisas semelhantes às mencionadas anteriormente, mas creio que exista algo mais profundo que você realmente queira, algo que acredita que está além e você pode ter isso imediatamente! Parece interessante? Então precisamos fazer mais algumas perguntas. Vamos examinar alguns exemplos "reais" e depois você pode aplicar a mesma linha de questionamento para ajudá-lo a descobrir o que *realmente* quer:

RESPOSTA DE JOHN

Em resposta à pergunta "O que você *realmente* quer", John disse que queria um Porsche novinho em folha.

P: Se você tivesse um Porsche novo em folha, o que isso lhe proporcionaria?

R: Algo para impressionar as pessoas.

P: Se você tivesse algo para impressionar as pessoas, o que isso lhe proporcionaria?

R: Eu me sentiria importante.

P: Se você se sentisse importante, o que isso lhe proporcionaria?

R: Eu me sentiria bem sobre mim mesmo.

P: Se você se sentisse bem sobre si, o que isso lhe proporcionaria?

R: Confiança.

P: Se você se sentisse confiante, o que isso lhe proporcionaria?

R: Eu me sentiria seguro no mundo.

P: Se você se sentisse seguro no mundo, o que isso lhe proporcionaria?

R: Paz.

RESPOSTA DE CATARINA

Catarina respondeu a mesma pergunta e disse que queria um companheiro perfeito.

P: Se você tivesse um companheiro perfeito, o que isso lhe proporcionaria?

R: Uma vida sem discussão e preocupação.

P: Se você tivesse uma vida sem discussão e preocupação, o que isso lhe proporcionaria?

R: Eu me sentiria segura.

P: Se você se sentisse segura, o que isso lhe proporcionaria?

R: Felicidade.

Então para John, Porsche corresponde à paz, e para Catarina um companheiro perfeito corresponde à felicidade. Embora John possa não ter dinheiro para comprar um Porsche novinho em folha no momento, ele pode ter paz imediatamente – de graça! E embora Catarina ainda não tenha encontrado seu companheiro perfeito, ela pode ter felicidade hoje. Paz e felicidade podem ser conseguidas já. E você consegue ver que, se Catarina e John se sentiam assim, agora eles podem ter as coisas que desejam mais rápido? Se John sentisse mais paz, ele poderia estar em uma posição melhor para ganhar dinheiro para comprar o carro. E se Catarina estivesse mais feliz, ela poderia atrair o companheiro que deseja. Se você quer conseguir algo para se sentir de uma certa maneira, sentir-se assim agora pode ser a forma mais rápida de conseguir o que quer.

É possível ter paz e felicidade imediatamente

CRIE PAZ OU FELICIDADE (OU O QUE MAIS DESEJA SENTIR) AGORA

Da primeira vez que você praticar qualquer um desses exercícios, esteja em um lugar confortável e tranquilo onde possa ficar sentado durante algum tempo sem interrupções. Relaxe. Este é um tempo só SEU. Quando tiver prática, você conseguirá se lembrar dos exercícios e fazê-los em qualquer lugar, mas continuo recomendando que reserve um tempo especial e tranquilo para isso sempre que possível.

- Você consegue se recordar de algum momento em que se sentiu realmente em paz/feliz (ou o que mais deseja sentir)? Lembre-se deste momento agora, experimente plenamente esta sensação em seu corpo e mente: veja o que viu, sinta o que sentiu, sinta os cheiros que sentiu, ouça o que ouviu. Esses sentimentos são seus – eles não pertencem a um tempo ou lugar em particular, você pode tê-los sempre que quiser, recorde-se deles e pratique até conseguir criar o sentimento a qualquer hora.

- Você conhece alguém que realmente sente paz/felicidade (ou o que mais deseja sentir)? Imagine que você é essa pessoa. Você consegue se imaginar realmente em paz/feliz? Aja como alguém que realmente está em paz/feliz. Como ela é? Como ela se move? Como fala? Como você seria caso se sentisse assim?

- Medite, ria bastante, ouça música, faça tudo o que for necessário para criar o sentimento que deseja.

- Você consegue se imaginar estando tão em paz/feliz (ou o que mais deseja sentir) quanto deseja? Crie uma imagem em sua mente de como você seria. Como se sentiria? Como se movimentaria? Com o que se pareceria? Torne esta imagem o mais real e clara possível. Uau! Olhe para você. Agora entre na imagem, entre em seu novo você, como se estivesse vestindo uma roupa nova.

Toda vez que praticar um dos exercícios anteriores, torne a imagem e o sentimento maior, mais vívido, mais claro e mais forte. Imagine que você tem um controle de volume e brilho, como o de uma TV, e ajuste as coisas até que elas fiquem exatamente como quer. Praticando, você conseguirá evocar esses sentimentos facilmente, sempre que quiser. E quanto mais fizer isso, mais o efeito vai se prolongar e se tornar parte de seu cotidiano.

UM DIA PERFEITO

É ótimo ter todos os tipos de metas, sejam elas pequenas e fáceis de obter, ou grandes e complexas, mas é melhor ainda ter ideia do que todas elas juntas significam para você. Que vida você está criando com essas coisas que realmente quer? Como seria ter essa vida? Uma maneira excelente de fazer isso é imaginar seu dia ideal. Como ele seria? O que você faria? Com quem você estaria? Como você se sentiria? Como você seria? Pegue uma caneta e um papel e crie seu dia ideal. Encontre um lugar confortável e tranquilo para sentar, um lugar especial onde você se sinta seguro e não seja interrompido por algum tempo. Anote tudo. No minuto em que acorda em seu dia perfeito, o que você vê, sente, ouve, cheira. Liste tudo o que acontece e acrescente os detalhes. Seja específico e ouse sonhar. Torne isso o mais real possível e revisite esta visão do seu dia perfeito repetidamente... até que esteja lá.

Outra maneira excelente de descobrir o que você realmente quer é se questionar:

> Se você tivesse mais três vidas para viver (ou mais ainda se isso parecer limitante!), o que faria nelas? O que você seria? Como seria?

> Você seria um explorador, um escritor, um cirurgião, um professor, um jardineiro ou um ator famoso?

Você seria aventureiro, criativo, técnico, inspirador e confiante? Escreva tudo o que lhe vier à mente – sem censura!

Quais elementos dessas outras vidas você pode trazer imediatamente para sua vida atual?

 COISAS PARA FAZER HOJE: Escolha uma de suas "outras vidas" e escreva alguns passos que você pode dar para explorá-la esta semana. Por exemplo, se escreveu "marinheiro", você poderia programar uma aula de navegação, comprar um livro sobre barcos ou passear em um ancoradouro. Se você escreveu "monge", poderia passar cinco minutos por dia sentado em silêncio ou caminhando na natureza, escutar um CD de relaxamento ou entrar em um grupo de meditação.

Lembrete visual

Mesmo que tenha ou não conseguido responder todas as perguntas propostas neste capítulo, se sua lista de "quero" tem várias páginas ou se ainda é um "trabalho em andamento," pode ser útil e inspirador ter um lembrete visual do que você quer. Minha maneira favorita de fazer isso é criar um quadro de figuras – uma festa visual de coisas que me fazem sorrir interna e externamente, um modificador e levantador instantâneo de astral. Amigos e clientes que criaram suas próprias versões relatam resultados incríveis sobre suas criações:

> "Quando me sinto desanimado e triste, olho para minha figura dos sonhos e incorporo todos os detalhes; em questão de minutos me sinto melhor, reanimado."

54 HOJE É O DIA QUE **IRÁ MUDAR SUA VIDA**

"Minha figura está se tornando cada vez menos algo de desejo e mais algo 'que tenho' – é incrível, a vida está começando a parecer cada vez mais como a figura."

"Amo meu quadro de figuras, ele me inspira e motiva todos os dias."

Para montar seu quadro de figuras, pegue uma cartolina ou uma folha de papel e preencha com figuras, citações, ou até mesmo objetos que façam você sorrir – simples assim. Você pode escolher coisas que obviamente retratam e correspondem a seus objetivos, ou que simplesmente inspiram e atraem você. Tenho clientes que tiveram dificuldade em descrever seus objetivos em listas e se sentiram inseguros sobre o que realmente queriam, até que começaram a recortar e colar figuras! Eu sugiro que tenha um estoque de revistas/folhetos coloridos e escolha figuras que lhe atraiam. Os resultados não só parecem bons como também oferecem informações sobre o que as pessoas realmente querem.

"Meu quadro de figuras tem sido a coisa mais útil para perder peso, ficar saudável e em forma. Após anos tentando diversas dietas e não chegando a lugar nenhum, agora comecei a comer alimentos saudáveis e a me exercitar mais. É difícil de acreditar que recortar figuras de revistas tivesse um efeito assim, mas acredito que foi meu catalisador da mudança."

A vida está acontecendo agora, e sua vida está sendo criada momento a momento por escolhas que você está fazendo agora. Os resultados de todas as suas ações são inevitáveis, e se não fizer as mudanças que quer, a vida fará isso por você. Frequentemente, são nos momentos difíceis que as pessoas mudam seu rumo na vida e começam a fazer algo que sempre tiveram um chamado interior para fazer, ou até mesmo algo sobre o qual nunca pensaram antes. Quando as coisas vão bem, as pessoas geralmente falam sobre mudanças e ponderam sobre possibilidades, esperando longamente para que as coisas mudem. Quando as coisas ficam difíceis, as pessoas frequentemente são forçadas a vencer as dúvidas que as detêm. Divórcio, falecimento de alguém querido, dívidas, demissão, doença, falência... momentos em que se sente que não há mais nada a perder, ou simplesmente não se tem escolha – são nessas ocasiões que as pessoas criam forças e tomam decisões de mudança de vida. Por que esperar? Se sua voz interior está chamando: OUÇA! Se gostaria de fazer algo diferente, mas não tem ideia do quê, então comece a explorar ideias AGORA.

4

HOJE É O DIA EM QUE TODOS OS SEUS RELACIONAMENTOS COMEÇAM A MELHORAR

HOJE É O DIA EM QUE TODOS OS SEUS RELACIONAMENTOS... 59

A menos que decida viver como um ermitão, você terá relacionamentos – com um parceiro, um sócio, familiares, amigos, chefe, colegas, vizinhos... Na verdade, mesmo que escolha ter uma vida solitária, ainda assim terá um relacionamento: com você mesmo. Neste capítulo, vamos examinar o que é posível fazer para melhorar seus relacionamentos, incluindo aquele que você tem com você mesmo. A qualidade de seus relacionamentos geralmente determina a qualidade de sua vida – em casa, no trabalho e sozinho consigo mesmo.

Você gostaria de ter autoconfiança e autoconhecimento bastante para poder se conectar plenamente com aqueles ao seu redor e obter o melhor de seus relacionamentos, em casa e no trabalho? Essa é uma área da vida na qual podemos gastar (ou desperdiçar) grandes quantidades de energia com preocupação, ansiedade, confusão, medo, raiva, amargura, ressentimento e frustração... Preciso continuar? E frequentemente a fonte maior de sofrimento é nossa própria imaginação. Você pode mudar isso.

E quando não estamos imaginando o que os outros estão pensando e sentindo, estamos ocupados levando para o lado pessoal o que quer que eles possivelmente falem. No entanto, o ponto de vista de outra pessoa origina-se totalmente de sua criação, condicionamento e experiências na vida – não tem a ver com VOCÊ. Preste atenção da próxima vez que fizerem um comentário sobre você. Se o comentário for negativo, o mais provável é que elas mesmas se sintam infelizes, tristes, com raiva ou sem sorte. Se o comentário for positivo, provavelmente estão se sentindo felizes, confiantes, em paz e com alto astral! Os comentários das pessoas são na verdade apenas reflexões do que elas estão sentindo. Você pode escolher como reagir.

Mudar o modo como nos relacionamos com os outros pode ser o mais potente de todos transformadores de vida – e isso pode começar agora!

60   HOJE É O DIA QUE **IRÁ MUDAR SUA VIDA**

Neste capítulo, falamos muito sobre relacionamentos amorosos, porque eles costumam ser o foco central de muitas pessoas. Não importa se você está só ou perfeitamente feliz com quem ama, por favor, continue lendo, pois os princípios são universais. E se você está buscando melhorar seus relacionamentos no trabalho ou com sua família, simplesmente mude os exercícios de acordo com suas necessidades.

Avaliando os relacionamentos

Uma amiga confidenciou que se casou com o homem errado. Não por acaso é claro! Tampouco recentemente, eles estão juntos há 15 anos. Ela me contou como no dia em que ele a pediu em casamento uma voz baixa dentro dela disse "não" vários segundos antes da palavra "sim" sair de sua boca. Então por que ela fez isso? Porque ela "achava que o amava" e não queria ser largada por ele – eles já estavam juntos há quatro anos e ela não conseguia imaginar a vida sem ele; embora a vida com ele fosse no mínimo medíocre. E por que ela continua com ele? Porque já estão juntos há tanto tempo que ela não consegue imaginar a vida sem ele; embora a vida com ele agora seja pior que medíocre.

Um casal de amigos meus está casado há 60 anos e é evidente o brilho em seus olhos quando eles contam como se conheceram tantos anos atrás. "Tivemos nossos altos e baixos", eles dizem, "mas sempre resolvemos as coisas conversando e nos respeitando". "E eu ainda a desejo", ele disse com um sorriso malicioso. "Ah, para com isso seu velho bobo", ela responde (sorrindo e corando como a adolescente por quem ele se apaixonou!).

Pedi aos casais acima para avaliarem seus relacionamentos em uma escala de 1 a 10, onde 1 corresponde a "desastroso" e 10 a uma "união feita nos céus". (Ao primeiro casal, pedi apenas a minha amiga, pedir a ambos poderia ser cutucar um ninho de vespas, o que eu não fora convidada a fazer!). Minha amiga deu nota 2 a seu

HOJE É O DIA **EM QUE TODOS OS SEUS RELACIONAMENTOS...**

relacionamento, e o segundo casal declarou que seu casamento era nota 10. Que nota você daria ao seu? Vamos lá, responda honestamente... Seja sincero consigo mesmo se você quer de fato começar a obter o melhor de sua vida.

Portanto, NADA de analisar, julgar ou questionar. A partir de sua primeira resposta espontânea: em uma escala de 1 a 10, como você avalia seu relacionamento? (Você pode aplicar a mesma pergunta para outros relacionamentos – irmãos, pais, seu chefe, seus amigos, pense sobre qualquer pessoa que você gosta e avalie seu relacionamento com ela em uma escala de 1 a 10.) Então, você quer passar o resto de sua vida em um relacionamento com esta nota? Se não quer, continue lendo...

COISAS PARA FAZER HOJE: O que faria seu relacionamento subir 1 ponto na escala? No que você precisaria ser diferente? O que você poderia fazer HOJE para criar uma mudança? E como poderia aumentar mais 1 ponto...? E mais 1...?

Se você deu uma nota baixa, não significa necessariamente que precisa abandonar o barco imediatamente. Mas se a vida é muito curta para permanecer em um relacionamento ruim, e se mudar para melhor é o que você quer, isso significa *fazer algo quanto a isso*. E você tem três opções de melhoria:

1 Aceite o relacionamento como ele é e siga em frente para ter o melhor de sua vida (isso significa parar de perder tempo e energia com ressentimento, arrependimento, amargura, raiva, autopiedade... Preciso continuar?)

2 Faça algo para melhorar o relacionamento.

3 Saia do relacionamento[1]

---

[1] Por favor, ignore esta opção se estiver pensando sobre relacionamento com pais, filhos ou irmãos. Mas continue lendo...

Você, você, você

Não importa o que você faça, lembre-se: isto é sobre você, não sobre a outra pessoa. *"O quê!?"*, ouço você exclamar, *"É claro que é sobre ele/ela... Se ele/ela pelo menos... É culpa dele/dela que estamos nessa confusão... Se ele/ela mudasse um pouquinho..."* Sei que pode ser uma verdade difícil de aceitar, mas só existe uma pessoa que você pode mudar e ela é você; e isso é um alívio porque tentar mudar outra pessoa é um processo infrutífero e inútil. Se a declaração de culpa acima é válida para você, então provavelmente já está cansado de tentar mudar seu parceiro, ficando cada vez mais irritado com o processo. No entanto, existe um tipo de mágica que acontece quando você começa a mudar a si mesmo: as pessoas ao seu redor de repente ficam diferentes também.

Não é complicado. Como você se sente quando está com alguém feliz consigo próprio? E como você se sente quando está com alguém que vive infeliz com a vida? É claro que isso o afeta – da mesma maneira como o que você sente afeta os outros, trazendo à tona o melhor ou o pior deles. A maneira como você se sente também o afeta; você passa mais tempo consigo mesmo do que com qualquer outra pessoa, então como *você* gostaria de ser? A liberdade vem de saber que só podemos mudar nossa vida de dentro para fora, e o mesmo vale para nossos relacionamentos.

> **Você passa mais tempo consigo mesmo do que com qualquer outra pessoa, então como *você* gostaria de ser?**

O QUE ESTÁ FALTANDO?

A meu ver, se você está infeliz em seu relacionamento, então provavelmente acha que "o outro" não está dando algo de que você precisa, que alguma coisa está faltando. Escreva cinco coisas que você quer, mas não está recebendo de seu parceiro (e, sim, este exercício serve para qualquer relacionamento: família, amigos, colegas do trabalho; no entanto, saiba que os exemplos abaixo não são os melhores para o ambiente de trabalho!).

Por exemplo:

1 Quero ser mais tocado.

2 Quero romance.

3 Quero ser ouvido.

4 Quero ser amado.

5 Quero café na cama no domingo.

A seguir estão duas ideias radicais:

IDEIA RADICAL NÚMERO 1

Dê a seu parceiro aquilo que você quer e veja o que acontece! Leia sua lista e pergunte-se: Estou dando o MEU melhor nesses cinco itens de meu relacionamento? Honestamente? Existe um ditado: "Recebemos aquilo que damos". Portanto, se você quer ser mais tocado, procure tocar mais: faça uma massagem, pegue nas mãos, envolva com os braços. Se estiver em busca de romance, seja romântico: torne o jantar uma ocasião especial, acenda algumas velas e faça uma caminhada ao luar. Se quer ser ouvido, pergunte a seu parceiro como está se sentindo, como foi o dia, quais são seus sonhos mais loucos – e ouça também. Se quer se sentir amado, ame mais. Se é café na cama o que você quer, surpreenda o parceiro exatamente com isso.

IDEIA RADICAL NÚMERO 2

Dê a si próprio o que acha que está faltando. Se você quer ser mais tocado, agende para si uma sessão de massagem, shiatsu, reflexologia. Se é romance o que você quer, compre um bom livro ou alugue um filme; mime-se! Se quer que lhe ouçam, ligue para um bom amigo e combine para se encontrarem em algum lugar fora – ou em casa – e converse, converse, converse... ou procure um terapeuta. De qualquer forma, sentir-se amado é um trabalho interior, então se pergunte: o que ajudaria você a se sentir amado? O que ser amado realmente significa para você? Dê amor a si mesmo! Sim, você pode fazer isso. (Café na cama? OK, talvez você tenha que largar o calor das cobertas por alguns minutos, mas você pode fazer isso por você.)

Perguntei a uma amostra aleatória de pessoas quais qualidades (outras que não a aparência!) as atraía nas pessoas. A principal resposta foi de longe "alguém que goste de ouvir", em segundo lugar foi "senso de humor" e em terceiro "uma atitude positiva". Quais qualidades suas atraem as pessoas? E como você pode dar mais proeminência a essas qualidades em sua vida (lembre-se: gostar atrai gostar)? Ouvir é uma parte crítica da comunicação; frequentemente as pessoas acham que estão se comunicando quando na verdade elas estão apenas falando e fazendo suposições. Ouvir de verdade requer deixar de lado as distrações da mente, estar plenamente presente em vez de pensar no que precisa fazer mais tarde, no que aconteceu antes ou o que você "imagina" que está acontecendo agora. Ouvir é um sinal de reconhecimento e isso melhora todos os relacionamentos – portanto, não surpreende que tenha sido a principal resposta em minha minipesquisa.

Ouvir faz bem para todo relacionamento

COISAS PARA FAZER HOJE: Ouça de verdade quando alguém falar com você – seja seu parceiro/filho/colega de trabalho/amigo/um estranho. Ambos sairão ganhando. Eles sentirão que tiveram reconhecimento e que foram ouvidos; você terá melhorado seu relacionamento com eles. E poderá realmente aprender algo sobre eles.

Saiba o que quer

Antes de fazer qualquer mudança em um relacionamento, precisamos saber o que realmente queremos. Se você não souber de fato para onde quer ir, vai ficar andando em círculos, se afundando cada vez mais e sua pontuação provavelmente vai cair em vez de subir. É tão fácil continuar pensando no que não queremos – e quão infelizes isso nos deixa? Focar em tudo o que está errado em seu relacionamento não vai ajudá-lo a se sentir melhor. Reconhecer que a vida não é um mar com tantas rosas quanto você gostaria que fosse já é um primeiro grande passo, mas se você quer avançar, então olhar para frente é a melhor maneira.

Você sabe o que quer?

Você tem uma ideia de como seria um relacionamento nota 10?

Como ele seria?

VISÃO DO RELACIONAMENTO

Imagine que você acorda em uma manhã e seu relacionamento está perfeito (isso pode ser aplicado a qualquer relacionamento). Como você saberia que ele está perfeito? O que estaria acontecendo? Como você se sentiria? O que você ouviria? O que sentiria? Pegue caneta e papel e comece a escrever uma lista de frases que descrevam seu "relacionamento perfeito". Solte sua imaginação, seja o mais específico possível. Isto é a fundação da sua mudança, a base sobre a qual você vai construir. Comece cada frase com eu ou nós (não ele ou ela), expresse tudo positivamente (isto é, o que você quer, não o que você não quer) e escreva no presente, como se já estivesse acontecendo (por exemplo, "nós nos divertimos juntos").

66 HOJE É O DIA QUE **IRÁ MUDAR SUA VIDA**

Se você não tem certeza por onde começar, comece escrevendo sobre um dia perfeito em seu relacionamento e então estenda isso para uma semana, um mês, a vida toda...

Por exemplo (para um relacionamento romântico):

Sempre acordo me sentindo em paz e relaxado.

Acordamos e fazemos amor.

Passamos um tempo conversando antes de começar o dia (e tudo isso antes do café!).

Você poderá achar fácil fazer esta lista, ou talvez leve algum tempo. Se não está acostumado a expressar o que quer no amor e a imaginar o melhor, pode se sentir um pouco enferrujado no início. É um pouco como flexionar um músculo que não foi usado por algum tempo... Vá em frente que aos poucos isso ficará mais fácil.

Os relacionamentos são tão diferentes e variados quanto as pessoas que fazem parte deles. Assim como não existem duas pessoas exatamente iguais, não existem dois relacionamentos exatamente iguais e o que funciona em um não funciona no outro. Visões e valores compartilhados são provavelmente dois dos elementos mais importantes em um relacionamento amoroso bem-sucedido. Se você sonha em ser autossuficiente e morar em uma pequena fazenda rodeado de crianças e animais e sua parceira sonha viver em uma casa bem decorada na cidade e jantares regulares regados a champanhe, então provavelmente este relacionamento não vai dar certo.

O QUE VOCÊ DIRIA?

Encontre um lugar/momento tranquilo e imagine-se daqui a 10 anos. Imagine que a vida está maravilhosa e que você tem um relacionamento incrível (pode ser com a mesma pessoa com quem você está agora), você se sente realizado e feliz e tudo o que ficou para trás é história. O que esse "você mais velho e sábio" diria para o "você de hoje"? Que conselhos o seu "eu futuro" daria?

Desejar que um parceiro mude para se adequar melhor a suas necessidades só leva à frustração. Sua própria autoestima é a fonte principal da verdadeira confiança e segurança. Se você não se sente emocionalmente completo, é tentador esperar que alguém preencha este vazio. Mas os melhores relacionamentos não são uma proteção contra a solidão, eles existem para se desfrutar das coisas positivas que podem trazer para o casal. Se o medo da solidão ou a insegurança está afetando seu relacionamento, busque maneiras de como você pode mudar e se ajudar. Acrescente isso a sua lista de metas do Capítulo 6 – juntamente com os passos exequíveis para alcançar a autoestima que você deseja e merece.

COISAS PARA FAZER HOJE: Se você tivesse que definir uma meta para mudar ou melhorar um relacionamento que é importante para você, qual seria ela?

Minha meta é _____

Qual primeiro passo você daria hoje?

E se você tivesse que definir uma meta para seu crescimento pessoal – seu relacionamento com você – qual seria?

Minha meta é _____

Qual primeiro passo você daria hoje?

Aceitação

Aceitação é um dos maiores presentes que você pode dar a qualquer pessoa – a aceitação de como ela é e de quem é. Que diferença isso faria em seu relacionamento com seu parceiro, pais, irmãos, sogros, filhos, colegas de trabalho, se você os aceitasse como são – sem o desejo de mudar, ou aconselhar, criticar ou julgar?

MAL-ENTENDIDOS

Ele (com a lembrança de ter sido ignorado no passado quando estava com problemas, ele acredita que é responsável pelo que os outros sentem):

"Ela me ignorou, com certeza eu fiz ou disse algo errado, hoje não vai ser um dia fácil. Na verdade, estou bastante irritado com isso – ela poderia ter a decência de me dizer o que está errado em vez de me provocar. Bem, esse jogo pode ter dois jogadores. Vou fingir que não ligo, como se isso não me incomodasse."

Ela (com a lembrança de estar em apuros por se esquecer de fazer coisas, acredita que talvez seja punida por sua displicência):

"Fui fazer compras, depois passei no mecânico, onde mais fui? Droga, não acredito que perdi as luvas em algum lugar, elas eram minhas favoritas. Devo voltar? Onde eu as estava usando da última vez? Estou ficando louca, preciso esquecer isso um pouco até mais tarde. Talvez eu deva procurar na minha bolsa de novo. Ih, não vi ele entrar! Ele parece bravo, o que eu fiz de errado? Melhor não contar para ele sobre as luvas agora."

Nunca conseguimos entender totalmente o que passa na cabeça dos outros e nunca podemos ter acesso às lembranças delas e às crenças resultantes. Todos vivem num mundo próprio – até mesmo aqueles que amamos e conhecemos bem. Imaginar que sempre sabemos o que estão pensando ou sentindo é um exercício inútil e pode levar ao uso exagerado de nossa imaginação com base em nossas próprias lembranças e crenças.

 COISAS PARA FAZER HOJE: Preste atenção nas vezes em que você "imaginou" negativamente o que outra pessoa estava pensando ou sentindo (em casa ou no trabalho). Note como sua imaginação o faz se sentir e se comportar. Como isso melhora ou piora o relacionamento? Faça com que sua primeira suposição sempre seja que o "estado de espírito" não tem nada a ver com você. Se os papéis fossem invertidos, como você gostaria de ser recebido ou tratado? Mantenha-se positivo ou neutro e use sua imaginação para algo mais positivo.

Espelhos

O ponto de partida rumo a um relacionamento mais profundamente satisfatório com os outros é seu relacionamento consigo mesmo, e você pode melhorar isso desenvolvendo uma compreensão de como você reage em relação às pessoas e situações, por que você pensa e se comporta dessa maneira, e desde quando você adquiriu as ideias e crenças que norteiam sua vida (geralmente na infância).

Uma maneira de descobrir mais é prestar atenção em como são as pessoas ao seu redor, com base na premissa de que elas talvez sejam apenas o reflexo de suas crenças interiores (crenças que talvez você nem tem consciência de que possui), tratando-o da forma como você se sente sobre si mesmo. Olhe ao seu redor como se a vida estivesse segurando um espelho; o que você pode aprender com o que vê refletido?

Se você se sente positivo e encoraja as pessoas, então é provável que se verá entre pessoas positivas e encorajadoras. Que tipo de pessoas você está atraindo para sua vida hoje? Existem aspectos em comum em seus relacionamentos?

Por exemplo, se você acha que seus relacionamentos sempre falham em um aspecto específico (sempre dizem que você não os ama o suficiente), todo mundo sempre se atrasa nos encontros com você ou as pessoas parecem sempre humilhá-lo, talvez você precise fazer uma busca interior e se perguntar: "No íntimo, como me sinto sobre mim mesmo?".

COISAS PARA FAZER HOJE: Identifique um padrão em sua vida — o que acontece continuamente que faz você não se sentir bem? Qual é a crítica/julgamento mais comum que você recebe? O que persistentemente incomoda, machuca ou frustra você com relação aos outros?

Exemplos	Perguntas que você pode fazer a si próprio
As pessoas me desapontam frequentemente	Como você desaponta a si próprio e aos outros
Meus parceiros sempre me trapaceiam	Como você não está se valorizando?
As pessoas ficam bravas comigo	Com o que você está bravo?
Os colegas de trabalho parecem fechados	Estou escondendo algo deles?

Trate a si como gostaria que os outros o tratassem e esteja atento para as mensagens e sinais que está transmitindo para os outros.

HOJE É O DIA **EM QUE TODOS OS SEUS RELACIONAMENTOS...** 71

Uma pequena mudança pode fazer uma grande diferença em alterar esses padrões. Às vezes simplesmente a conscientização já pode ser curativa.

Não faça suposições. Se você não entende, pergunte.

"ESPELHO, ESPELHO MEU..."

Pense em alguém que realmente o irrita, alguém com quem você está tendo problemas de relacionamento, alguém que está o deixando louco no momento. Pegue uma folha de papel e divida em duas colunas verticais. No topo da coluna esquerda escreva: Coisas que não gosto sobre xxxx. No topo da coluna direita escreva: Coisas que gosto sobre xxx. Agora comece a escrever. Seja honesto (você não vai mostrar isso para ninguém!) e mesmo que esteja em conflito com a coluna da direita por ter um forte sentimento negativo em relação a esta pessoa no momento, veja se consegue identificar ao menos umas poucas qualidades positivas.

Coisas que *não* gosto sobre xxxx	Coisas que gosto sobre xxxx
Egoísta	Focado
Egocêntrico	Disciplinado
Frio	Independente
Negativo	
Arrogante	

Quanto tiver terminado sua lista, quero que risque o nome da outra pessoa no topo da lista e substitua pelo seu. Qual é sua reação quando faz isso? Você consegue ver alguma verdade nisso? É possível que você apresente essas características negativas, mesmo que em menor intensidade? E as qualidades positivas, você já possui ou precisa desenvolver? Lembre-se: só podemos reconhecer nos outros o que vemos em nós mesmos. Os outros podem ser nossos professores nos ensinando coisas sobre nós – e, às vezes, aqueles de quem podemos aprender mais são os que nos "irritam" mais.

 COISAS PARA FAZER HOJE: Quais relacionamentos você gostaria de atrair para sua vida? Enumere as principais qualidades ou tipos de relacionamentos que você gostaria de trazer para sua vida. Escolha uma das qualidades e a reforce em suas interações com os outros hoje. Adote esta qualidade e FAÇA a mudança!

No Capítulo 6, você vai começar a definir suas metas e agir para alcançá-las. Que metas identificou enquanto lia este capítulo? Como você gostaria de mudar seus relacionamentos? A seguir estão alguns exemplos da lista deS metas de outras pessoas; às vezes, as metas dos outros podem estimular nossas ideias e nos ajudar a começar:

Fazer as pazes com...

Desenvolver uma comunicação melhor com meus filhos.

Fazer um programa romântico com minha mulher pelo menos uma vez por mês.

Tornar-me um ouvinte melhor.

Passar mais tempo comigo.

Parar de discutir.

Encontrar minha alma gêmea.

Encontrar amigos novos que levantam o astral.

5

HOJE É O DIA DE FAZER SUA VIDA PROFISSIONAL TRABALHAR PARA VOCÊ

HOJE É O DIA DE FAZER SUA VIDA PROFISSIONAL TRABALHAR... 75

No íntimo, você realmente sabe como queria que fosse o seu trabalho, ou no que quer trabalhar exatamente, mas você está dando ouvidos? Este capítulo vai encorajá-lo a se ouvir; a escavar fundo e encontrar, em suas reservas, riquezas e recursos; trazer à tona seus talentos, dons, habilidades e sonhos. Talvez você queira mudar como é no trabalho, mudar como o trabalho é para você ou deixar de fazer o que está fazendo e partir para uma mudança completa. Não importa qual tipo de mudança você deseja, é possível começar hoje.

OPORTUNIDADES PERDIDAS

Certa vez, ouvi uma história sobre um homem que estava se aposentando de um emprego da vida toda como vendedor de seguros. Ele começou como *trainee* recém-formado com o intuito de trabalhar alguns anos, apenas o tempo suficiente para montar seu próprio negócio. Isso foi quase 50 anos atrás! A empresa organizou uma festa de despedida e seu chefe lhe deu um presente. O homem desembrulhou o presente e desatou a chorar. Era um lindo relógio de ouro. O negócio que ele sonhava montar era uma relojoaria; desde que se lembra, ele sempre quis fabricar relógios.

E há uma mulher que trabalhava como supervisora em uma fábrica de alimentos congelados. Assim como muitos trabalhos, o dela tornou-se cada vez mais opressivo ao longo dos anos e ela se viu gerenciando uma equipe cada vez maior, com um orçamento cada vez mais apertado e prazos cada vez menores. Há semanas, ela vinha sentindo falta de ar e um desconforto, mas não ousava tirar uma licença. Então, certo dia, ela desmaiou no meio de seu turno. Ela teve um ataque cardíaco. Durante o tempo em que esteve internada no hospital, ela confidenciou a uma das enfermeiras que desde menina queria ser enfermeira, mas que seus professores a dissuadiram!

Não podemos permitir que nossas esperanças e nossos sonhos não fiquem à margem ou sejam reprimidos pelos outros.

76 HOJE É O DIA QUE **IRÁ MUDAR SUA VIDA**

Como mãe, tenho apenas um desejo para o futuro de meu filho: que ele seja feliz e saudável no que decidir fazer, seja lá o que for. Sei que muitos pais sentem exatamente o mesmo. Fico imaginando, será que nossos pais desejaram o mesmo para nós quando éramos pequenos? Então *o que* acontece? Fico imaginando se os pais do relojoeiro ou da aspirante a enfermeira queriam que eles fossem felizes fazendo algo de que gostavam? E fico imaginando se os filhos *deles* acabaram fazendo coisas de que gostavam? Como pais, a melhor maneira de liderar é com exemplo: seguir nossas paixões; fazer coisas que amamos; acordar todas as manhãs empolgados com o dia que temos pela frente. Na verdade, é assim que muitos de nós começamos quando criança.

É claro, muitas pessoas são muito rápidas em culpar os pais por sua situação de infelicidade no trabalho.

"Eles queriam que eu continuasse administrando o negócio da família."

"Tudo o que sempre soube é que o trabalho deveria ser árduo."

"Eles me pressionaram a escolher o emprego certo."

"Fui dissuadido de fazer o que queria porque me diziam que não 'fazia sentido'."

"Sempre zombaram de meu sonho de ser músico."

Os efeitos da pressão dos pais sobre crianças e adolescentes vulneráveis são inquestionáveis. Se não temos outro modelo de referência, então fica difícil fugir do

Sua vida é agora

convencional e fazer algo diferente, libertar-se e sustentar sua posição. Mas isso ficou no passado, acabou, desapareceu. Sua vida é agora e quando você deixa sua história para trás e se permite ser quem realmente é, torna-se imediatamente mais animado e inspirado. Você não é seus pais. Você não é sua história. Você não precisa replicar as crenças deles sobre trabalho. Esta é a sua vida, agora, aqui. Suas escolhas até o momento

HOJE É O DIA DE FAZER SUA VIDA PROFISSIONAL TRABALHAR... 77

(tenham elas sido feitas sob pressão ou não) o levaram para onde está. Se quiser mudar de direção, tomar outro rumo ou escolher outro destino, pode fazer isso por meio de escolhas diferentes.

Este é o trabalho certo?

A vida é muito curta para se estar no trabalho errado. Cinco ou seis dias por semana, 40 ou mais semanas por ano, durante a maior parte de sua vida adulta... Conforme um executivo com quem trabalhei comentou: é como uma sentença de prisão perpétua. Mas o trabalho não precisa ser maçante, pode ser excitante, divertido, inspirador – pode ser algo que você realmente quer fazer durante três, quatro, cinco ou seis dias por semana, 40 ou mais semanas por ano, pelo resto de sua vida.

Seu trabalho está o deixando doente? Ouça o chamado antes que se torne um grito. Muitas pessoas não prestam atenção em sua própria infelicidade, frustração ou até mesmo doença como um alerta para fazer uma mudança. Estoicamente, elas continuam normalmente como se isso fizesse parte de uma vida atribulada. Ao longo de três meses, Tracey faltou várias vezes ao trabalho por doença. Toda vez que sua saúde melhorava, ela voltava, mas em um espaço curto de tempo sempre adoecia de novo. Só quando certa vez seu médico fez um comentário aparentemente casual de que talvez "o trabalho a estivesse deixando doente" que uma luz se acendeu. Como consultora, tive alguns clientes que afirmaram que a doença mudou a vida deles – eu preferiria que você não precisasse ir tão longe.

SIM OU NÃO

Responda às cinco perguntas seguintes com "sim" ou "não" o mais rápido possível. Quero suas cinco primeiras respostas, as respostas ver- ▶

dadeiras que surgem espontaneamente, não aquelas que você acha que deve dar, ou aquelas que teve tempo de pensar. Seja honesto, não há razão para ser outra coisa consigo mesmo se realmente quer mudar sua vida profissional:

1 Você ama seu trabalho?
2 Você acorda cheio de energia para o dia que tem pela frente?
3 Seu trabalho lhe proporciona mais do que dinheiro/carro/benefícios?
4 Você continuaria fazendo o que faz agora se ganhasse milhões na loteria?
5 Se pudesse começar a vida de novo, você seguiria a mesma carreira?

Sua resposta foi "sim" para as cinco perguntas? Gostaria que tivesse sido? Se houve alguma resposta "não", ela veio acompanhada de algum sentimento? Alguns exemplos citados pelas pessoas foram: resignação, raiva, amargura e tristeza. Você carrega esse(s) sentimento(s) com você todos os dias quando vai para o trabalho? Ou conseguiu suprimir (caso em que permanece latente sob alguma forma — melancolia)?

É hora de mudar? Pergunte-se:
"Se eu pudesse me candidatar a um emprego, seguir uma carreira ou montar um negócio *com sucesso garantido*, qual escolheria?

COISAS PARA FAZER HOJE: mande um e-mail para o seu eu futuro. Imagine que você está enviando um e-mail para si no futuro (daqui a 10, 20, 30 anos) — que perguntas você faria a seu futuro eu?

> Exemplos: Você foi para aquele emprego que realmente queria?
> Você mudou de carreira?
> Você encontrou o trabalho que queria?
> Você voltou a estudar?
> Você trabalhou sua confiança/positivismo/liderança/capacidade de delegar?

Você não precisa responder a essas perguntas; só o fato de pensar nas perguntas que gostaria de fazer já pode ter um efeito poderoso em você e encorajá-lo a reavaliar sua vida hoje. Anote as perguntas que fizer e quais carregam a maior carga emocional.

Ou imagine que você seja criança novamente e está enviando um e-mail (escrevendo para) o seu futuro eu (10, 20, 30 anos para frente). Lembre ao você de hoje sobre o que queria ser quando era criança, o que amava fazer e o que sonhava para o futuro. Você queria ser músico? Explorador? Cientista? Professor? Você gostava de pintar? Montar coisas? Ficar ao ar livre? Escrever histórias? Participar de aventuras? Reviva esses sonhos da infância, eles podem proporcionar indicadores valiosos do que você realmente gostaria de fazer agora.

PROCURA-SE

Faça uma lista com cinco (ou mais) palavras negativas que melhor descrevem seu trabalho e seus sentimentos sobre ele. A seguir, para ajudá-lo, estão alguns exemplos de outras pessoas que fizeram este exercício:

entediante

frustrante

terrível

maçante

perda de tempo

opressivo

amedrontador

▶

80 HOJE É O DIA QUE IRÁ MUDAR SUA VIDA

Agora reorganize as palavras que você listou para escrever um anúncio para seu trabalho. Por exemplo:

Empresa procura pessoa entediada para realizar um trabalho frustrante em um ambiente terrível. O trabalho maçante parece uma perda de tempo, com muita pressão e um chefe amedrontador.

Você se candidataria?

Agora escreva cinco (ou mais) palavras positivas que você menos associaria a seu trabalho e a sua experiência nele. Ou, dito de outra forma: cinco ou mais palavras positivas que você adoraria associar a seu trabalho. A seguir estão alguns exemplos para ajudar a inspirá-lo:

realizador

animado

divertido

estimulante

inspirador

apaixonante

Agora, reorganize as palavras que você listou para escrever um anúncio para um emprego. Por exemplo:

Empresa procura pessoa animada e divertida para juntar-se a ela neste negócio apaixonante e inspirador. Atividades estimulantes e realizadoras aguardam a pessoa certa. Interessado? Ligue para...

Isso soa como um bom emprego para você?

Felizmente os dois anúncios fizeram você sorrir – por razões muito diferentes! Acredito que as palavras que escolheu para o emprego 2 sejam significativas para você, portanto, mantenha-as à mão. Afixe a lista em um lugar onde possa ver regularmente. Deixe que elas o despertem para novas possibilidades e o inspirem a fazer mudanças.

"Mas tenho de pagar as contas!"

Sim, eu sei. Mas e se você pudesse ser um daqueles sortudos que faz algo que ama e ainda consegue pagar as contas? As pessoas fazem isso. Então faça uma mudança radical de carreira e ganhe muito mais dinheiro. Algumas pessoas fazem mudanças radicais e ganham menos, mas estão TÃO mais felizes que isso não é problema. Perguntei a 10 pessoas aleatoriamente por que estão no trabalho em que estão. Nove delas responderam que principalmente pelo dinheiro – "para pagar as contas". Uma única disse que ama o que faz e embora ganhe menos do que as outras nove, ela é a mais feliz! Pedi às nove pessoas que pensassem em uma palavra que descreva como se sentem em trabalhar apenas para pagar as contas. Cinco disseram "ressentida", duas disseram " indignada" e duas disseram "resignada". Então pedi a todos que dissessem se o que sentiam sobre seu trabalho tinha um impacto positivo ou negativo no relacionamento com sua família. Seis disseram que achavam que sua experiência no trabalho tinha um impacto negativo sobre como eles são em casa, três disseram que isso variava dependendo do dia que tinham no trabalho.

Você quer passar o resto de sua vida fazendo algo de que não gosta? Se quer, pule para o próximo capítulo, se não quer, continue lendo este.

Coisas mágicas acontecem quando você faz uma mudança interna

Se mudar de trabalho parece uma montanha muito alta para escalar agora, então que tal mudar sua atitude em relação a seu trabalho? Você pode fazer isso AGORA! E coisas mágicas acontecem quando fazemos uma mudança interna – o universo ouve e responde de formas surpreendentes.

82 HOJE É O DIA QUE **IRÁ MUDAR SUA VIDA**

Sorria! Sorria para seus colegas de trabalho, clientes e para as pessoas que você encontra quando vai e volta do trabalho. Uma pesquisa com pessoas deprimidas mostrou que o simples ato de sorrir (mesmo que você não se sinta feliz interiormente) tem um efeito profundo sobre como você se sente. Todos os músculos do sorriso enviam sinais de "felicidade" para seu cérebro e antes que você perceba se sentirá feliz interiormente também. E as pessoas preferem estar perto de alguém que vive sorrindo, portanto, seus colegas e clientes se comportarão diferente com você. Vamos lá, force se for preciso.

Use toda sua habilidade no que faz. Dedique 100% de sua atenção. Sinta orgulho de seu trabalho. Concentre-se nos detalhes e seja o melhor no que faz. Você ficará surpreso em como isso afeta as pessoas ao seu redor também.

Esteja totalmente presente. Se você passa os dias remoendo o que aconteceu de manhã ou como vai fazer o que precisa esta noite, então vai se cansar e o tempo vai parecer se arrastar. Um estado de "fluidez" (quando o tempo passa e você não nota) só pode ser alcançado estando-se totalmente presente, no momento.

Seja você mesmo. Fingir ser alguém que não somos é exaustivo e autodestrutivo. Que porcentagem do seu "eu" você leva para o trabalho? Ser honesto consigo mesmo a cada momento, onde quer que esteja, seja lá o que esteja fazendo, é um dos maiores presentes que você pode se dar. Isso também inspira outras pessoas a fazerem o mesmo – o que é extremamente valioso para todos! Autenticidade é inspirador.

Autenticidade é algo inspirador

Faça a mudança acontecer

Se você quer que algo mude, então precisa fazer a mudança. Você pode se sentir preso a seu trabalho por causa de sua situação financeira, mas na verdade é apenas seu pensamento que mantém você preso. Se uma mudança para melhor é o que você quer, isso significa *fazer algo a respeito*. E você tem três opções de melhoria.

1. Aceite

Aceite seu trabalho pelo que ele é e continue buscando tirar o melhor da vida (isto significa parar de desperdiçar tempo e energia com ressentimento, amargura, raiva, autopiedade... Precisa de mais?). Compare quanto tempo você gasta pensando sobre o que não gosta em relação à situação de seu trabalho atual com quanto tempo você passa explorando como pode melhorá-la – imaginando novas possibilidades! Penda a balança a seu favor e dedique a atenção para onde ela vai ajudá-lo mais. Busque oportunidades em vez de problemas. Seja criativo em vez de entediado. E que tal examinar outras áreas de sua vida para reacender seus interesses – um novo hobby, clube, grupo, atividade? A forma como você se sente sobre uma área de sua vida permeia todas as outras, portanto, divertir-se mais fora do trabalho pode ajudá-lo profissionalmente também.

2. Faça algo para melhorar sua situação de trabalho

Você está preso em uma espiral negativa, focando em tudo que está "errado" em sua situação de trabalho atual e ignorando tudo o que está "certo"? Como é possível inverter isso? Observe 10 coisas pelas quais você pode ser grato em seu trabalho agora – hoje. Faça uma lista com 10 talentos, qualidades e competências que você tem. Você utiliza esses atributos em sua função atual? Poderia usar? O que seria preciso mudar para que isso aconteça? Como poderia pôr uma dessas competências em prática hoje? O que mais poderia fazer? Reorganizar seu espaço de trabalho? Falar com seu chefe? Passar mais tempo com pessoas que realmente gostam do que fazem, pessoas que são inspiradoras e positivas? Parar de se comparar com os outros no trabalho – você tem sua própria bagagem de competências e qualidades que leva para o trabalho; seja você mesmo, com o melhor de suas habilidades.

Se trocar não é uma opção para você no momento, o que você pode fazer em vez disso? Pode mudar a maneira como pensa sobre o que está fazendo? Seja criativo. Imagine algo maluco – que tal você em Urano com um telescópio gigante observando sua situação no trabalho de lá? Seu cérebro não consegue conceber uma possibilidade como esta, então precisa encontrar novas maneiras de pensar para imaginar isso – novos caminhos neurais. Nascemos com a habilidade de usar nosso cérebro inteiro, mas a escola e o trabalho geralmente nos encorajam a usar o lado esquerdo do cérebro, isto é, usar a lógica para solucionar problemas. Pensar de maneira inovadora e criativa mudará como você se sente – um primeiro passo importante para criar a mudança que você deseja.

3. Saia do trabalho

Muitas pessoas passam a vida inteira em um trabalho de que não gostam, ao mesmo tempo que passam todas as horas livres (e inclusive durante o próprio trabalho) tentando descobrir o que fariam de diferente. Fazem listas, leem livros, montam grandes esquemas, sonham, mas nada muda. Se você se empenhou para aproveitar ao máximo o que tem, se você deu tudo de si e foi o melhor que pôde, mas mesmo assim continua infeliz e insatisfeito no trabalho, então talvez seja hora de sair. Sim, faça listas, leia livros, monte grandes esquemas e sonhe, mas não transforme isso em uma carreira! Use este livro como um plano de ação em vez de um conjunto de ideias. Decida o que não quer, o que realmente quer, defina metas, aja, domine sua mente e faça mudanças – a partir de agora.

HOJE É O DIA DE FAZER SUA VIDA PROFISSIONAL TRABALHAR... 85

Metas de trabalho e carreira geralmente estão no topo das listas de objetivos. Comece a pensar agora em quais são seus objetivos, porque em breve você estará dando seus primeiros passos para alcançá-los. Eles podem ser muito grandiosos ou não, dependendo do que você deseja – mas são *seus* objetivos e vão ficar apenas no papel se não forem o que você realmente quer.

DEFININDO AS METAS CERTAS

Steve já participou de vários seminários e *workshops* sobre definição de metas durante os 10 anos neste seu emprego, mas pouco mudou.

"Sempre senti que deveria ter grandes sonhos e ideais quando participava dos *workshops* – sobre ganhar muito dinheiro, promoções importantes ou fazer algo fora do comum. Então defini algumas metas que pareciam um pouco empolgantes na época, mas acho que nunca realmente quis nenhuma delas. Foi somente certo dia, quando saí com alguns colegas, que percebi que o que eu realmente queria era curtir mais o que estava fazendo. Quando transformei isso em uma meta tudo ficou fácil."

Susan sempre quis trabalhar em algo ligado à medicina, mas não tinha autoconfiança e optou por um emprego público que passou a odiar. "Costumávamos conversar sobre metas no trabalho, mas elas sempre focavam no que já estávamos fazendo e as promoções que poderíamos conseguir para fazer mais do mesmo – em vez de qualquer coisa radical. Então, certa noite, li um artigo em uma revista sobre um jovem que foi estudar psiquiatria e que havia um aluno 'mais velho' em sua classe também. Pensei que já estava muito tarde na minha vida para mudar de carreira, mas naquele exato momento soube que precisava fazer isso – ou me arrependeria para sempre. Minha meta estava clara e agora aqui estou: amando meu trabalho e, com minha experiência, mais capaz de lidar com algumas coisas do que meus colegas mais jovens."

A seguir estão alguns exemplos de metas de trabalho/carreira para ajudar você a pensar:

Encontrar uma carreira diferente.

Atingir uma meta de vendas.

Parar de levar trabalho para casa à noite/ no final de semana.

Fazer cursos à noite.

Encontrar um jeito de só trabalhar três vezes por semana.

Encontrar novos clientes a cada mês.

Escrever um plano para minhas atividades diárias.

Buscar ajuda com consultores de negócios.

Sempre fazer meus relatórios no prazo.

Encontrar uma atividade que posso fazer de casa.

Receber uma promoção.

Melhorar minha autoconfiança nas reuniões.

6

HOJE É O DIA DE DEFINIR METAS E FAZER PLANOS

HOJE É O DIA DE DEFINIR METAS E FAZER PLANOS 89

Neste capítulo, você aprenderá como reunir todas as suas listas de "Coisas que não quero mais" (Capítulo 2), "Coisas a mudar" e "Coisas que quero" (Capítulo 3), "Relacionamento ideal" (Capítulo 4) e "Ideias de trabalho" (Capítulo 5) e transformá-las em uma "Lista de Metas" ativa (em vez de uma lista inativa que requer nada mais do que escrever e esperar que tudo dê certo). Para fazer as mudanças e criar o futuro que deseja, você precisa definir metas, sem elas o futuro escolherá por você. É hora de dar início a uma pequena alquimia de vida; transformar o que você já tem em algo muito melhor. Se você ainda não tem certeza sobre quais são suas metas, não está só – para muitas pessoas, o ato de escrever o que querem de verdade é o que gera uma fonte de ideias e possibilidades vindas de dentro. Deixe a alquimia começar.

Os últimos cinco capítulos o fizeram pensar e sonhar – e se você começou a implementar pequenas mudanças diárias, já notará uma transformação ocorrendo. Agora é hora de reunir todas as coisas que identificou como aspectos a mudar, de se perguntar o que você faria com sua vida se tivesse uma varinha mágica nas mãos para escolher o que fosse – com sucesso garantido. Talvez você tenha passado muitos anos sonhando com mudanças e formulando ideias, mas hoje irá colocá-las em prática. Vale a pena marcar a data – porque o dia em que escrever sua Lista de Metas pode muito bem ser um dia memorável; o dia em que sua vida mudou para melhor.

O que torna boa uma lista de metas?

Muitas pessoas gastam mais tempo fazendo uma lista de supermercado do que uma lista das coisas que realmente querem na vida. Estudos mostraram que menos de 6% de nós se dá ao trabalho de listar suas metas de vida. E daqueles que o fazem, uma porcen-

90 HOJE É O DIA QUE **IRÁ MUDAR SUA VIDA**

tagem menor ainda atinge de fato suas metas. Conheço algumas pessoas que escrevem as mesmas metas ano após ano (geralmente no seu aniversário ou no início do ano). Elas nunca as cumprem, portanto, as listam de novo no ano seguinte. Mas o que torna boa uma lista de metas? O que faz uma lista dar certo?

Foco, passo, passo, passo, passo, META!

Definidores de metas bem-sucedidos (pessoas que rotineiramente definem e atingem metas) concordam que as metas devem ser claras, específicas, positivas e mensuráveis. Elas devem ser coisas que você realmente deseja e acredita que pode conquistar. Elas também devem incluir passos: coisas para fazer hoje, na semana que vem e o no mês que vem para levá-lo rumo a sua meta. Esses passos são provavelmente a parte mais importante de sua lista de metas – sem eles você não terá plano, nem mapa, nem ideia de como chegar lá. E são esses pequenos passos que fazem de *hoje* o dia que irá mudar sua vida!

> **Metas devem ser claras, específicas, mensuráveis e positivas**

Uma mera lista de palavras no papel também não vai levá-lo aonde deseja; você precisa "fazer algo". E precisa acreditar nas palavras que escreve e ser capaz de imaginá-las ganhando vida. É por isso que é tão importante que sua lista de palavras seja verdadeiramente sua; imbuída de sentimento e significado, ela deve focar em você e/ou incendiá-lo de empolgação e paixão. Seus sentimentos e sua imaginação e energia são o combustível necessário para chegar aonde deseja. E sua lista de metas é seu atlas, uma maneira de levá-lo aonde quer estar. Leia e ponha a lista em prática regularmente e você estará programando seu próprio GPS para o sucesso.

Escolhas diferentes = resultados diferentes

Você só pode fazer as melhores escolhas se souber para onde vai, caso contrário, é um pouco como atirar no escuro e esperar pelo melhor. Sem metas específicas para seguir, sua mente continuará seguindo programas do passado e ouvindo a miríade de mensagens aleatórias que recebe diariamente. Quando uma meta é identificada e você sabe o que fazer a seguir, então consegue fazer escolhas que mudam sua vida.

MERA COINCIDÊNCIA?

Listas de metas servem como dispositivos de rastreamento. Escreva algo e, frequentemente, um sincronismo entra em jogo. Uma amiga, Kim, sempre teve interesse por animais, mas trabalhava "desinteressadamente" com computadores e seus discos rígidos. Incerta sobre a validade de escrever uma lista de metas, ela decidiu dar uma chance certa noite. Mas nada saída da caneta. O que ela queria? Neste momento seus dois cachorros começaram a brigar (nada grave) e ela se ouviu perguntando: "Por que isso?". Com a paz restaurada, ela pegou novamente sua folha de papel em branco e se descobriu escrevendo: "Quero saber mais sobre comportamento animal".

A despeito do fato de que ela estava lutando para escrever algo na lista, sentiu-se estranhamente empolgada com a meta recém--escrita "isso me deu um frio na barriga e me senti mais positiva do que nunca". No dia seguinte, o carro de Kim se recusou a pegar, então ela decidiu tomar um ônibus – onde se sentou em um banco que tinha um folheto sobre um curso de comportamento animal em uma faculdade local!

Este tipo de experiência é em parte uma função de atenção seletiva. Você já aprendeu uma palavra que nunca ouviu antes e depois passou a ouvi-la várias vezes nos dias seguintes? Ou viu o anúncio de

92 HOJE É O DIA QUE **IRÁ MUDAR SUA VIDA**

um carro que gostou e depois viu vários deste mesmo carro na rua? Se sua mente está focada em uma coisa em particular, ela vai filtrar as milhares de informações que você recebe todos os dias e refinar aquelas relacionadas a seu assunto de interesse. Escrever o que você quer e alimentar isso com energia e imaginação para se tornar uma realidade prepara seu cérebro para encontrar coisas relacionadas ao mundo ao seu redor. E talvez seja parcialmente mágico. O que quer que seja, funciona!

Metas passadas

Se você definiu metas no passado e as alcançou ou não, ou se parou no meio de caminho (ou menos), talvez esteja um pouco receoso com a ideia de tentar de novo. Bom, você não vai "tentar" de novo, desta vez vai fazer isso de forma proativa. Tentar não é fazer. Experimente isso: tente sorrir. Você tentou? Agora realmente SORRIA. A diferença entre tentar e fazer é como a diferença entre preto e branco, os dois não se comparam. Tentar não leva você aonde quer. Fazer sim!

Se você tem uma meta que vem tentando atingir há alguns anos sem sucesso, precisa se perguntar se *realmente* quer isso. É realmente uma meta para você ou é algo que você acha que "precisaria" fazer? Se existe qualquer "precisaria", "deveria" ou "teria" envolvido em sua lista, então sugiro que pense de novo (e elimine-o). Substitua por quero, desejo, almejo, aspiro, pretendo e vou!

Se a resposta for "Sim, eu realmente quero isso", então vamos explorar o que o deteve. Veja o exemplo abaixo e insira suas respostas no lugar das sugestões.

MINHA META É
Encontrar uma carreira diferente daquela em que atuo agora.

▶

> *POR QUE VOCÊ QUER ESTA META? (O QUE ELA VAI LHE PROPORCIONAR?)*
>
> *Satisfação no trabalho. Mais dinheiro. Senso de propósito. Mais equilíbrio na vida profissional.*
>
> *O QUE IMPEDIU VOCÊ DE ALCANÇÁ-LA ATÉ O MOMENTO?*
>
> *Estive muito ocupado no trabalho. Não explorei as opções. Não sei por onde começar.*
>
> *O QUE IMPEDIU VOCÊ DE FAZER AS COISAS QUE AJUDARIAM A ALCANÇÁ-LA?*
>
> *Insegurança – falta de confiança. Medo de fracassar. Não ter certeza sobre outras coisas que sou capaz de fazer.*
>
> *NO QUE VOCÊ PRECISA SE CONCENTRAR PARA ALCANÇAR ESTA META?*
>
> *Melhorar minha autoconfiança. Enumerar meus pontos fortes e habilidades. Encontrar passos menores a dar que sejam menos assustadores do que uma mudança radical. Pesquisar outras opções de carreira para ver o que me atrai.*
>
> *VOCÊ ESTÁ COMPROMETIDO EM FAZER ISSO?*
> *Sim.*
>
> *Bingo!*

Sua mente é uma ferramenta poderosa e uma lista de metas proporciona a ela um trabalho a realizar. Com um objetivo claro em vista, sua mente pode focar e direcioná-lo para alcançar a meta pretendida. Com nada para visar, a energia de sua mente é mal--empregada e desperdiçada. Metas claramente definidas dirigem seu pensamento e suas ações.

Se uma meta não for escrita, então é um desejo, uma esperança, uma vontade, não uma meta real. Uma pesquisa mostrou que a chance de se alcançar um objetivo em que não há comprometimento por escrito é de 5%. No entanto, quando uma meta é escrita, claramente idealizada, crível e dividida em passos, essa chance aumenta para 75%.

COISAS PARA FAZER HOJE: Escreva uma meta de prazo muito curto: algo que você quer fazer amanhã, ou depois de amanhã. Escreva e inclua a data em que você quer alcançar essa meta. Agora escreva os passos que você deve dar para realizá-la.

Por exemplo, minha meta é marcar para sair com amigos no sábado.

Ações para alcançar a meta:

1 Checar minha agenda para ver se não tenho nada marcado para sábado – ou no domingo de manhã!

2 Decidir aonde vamos e a que horas.

3 Decidir quem convidar.

4 Convidar os amigos.

Definir metas é tão fácil como isso. Se você encontrar um empecilho em algum dos passos (sábado já ocupado, os amigos não estão disponíveis) então redefina sua meta (sair no próximo sábado, convidar outras pessoas).

Como escrever uma lista proativa

1. Saiba o que quer. Lembre-se de que metas não dizem respeito apenas a carreira e dinheiro. Você pode achar útil começar com tópicos sobre outras áreas de sua vida: saúde e bem-estar, família, relacionamento, lar, viagens/aventura, crescimento pessoal, amigos, educação, contribuição para sociedade, vida social/prazer, diversão, espiritualidade, carreira/finanças/dinheiro, entre outros.

2. Comece cada frase com a palavra "é". Dessa forma você estará fazendo uma declaração de compromisso muito clara: (minha meta) é...

3. Seja o mais específico e claro possível. Quanto mais real for sua descrição, mais você vai preparar sua mente para encontrar o que precisa para criar seu sonho. Por exemplo: "(Minha meta) é acabar com minhas dívidas e ter R$ xxx no banco" funcionará melhor do que "(Minha meta) é ter mais dinheiro".

4. Sempre que possível defina sua meta em termos positivos. Diga o que você DE FATO quer – e não o que não quer. Por exemplo: "(Minha meta) é pesar 70 quilos" não "(Minha meta) é não pesar 100 quilos".

5. Tenha certeza de que realmente quer esta meta. Isto pode parecer óbvio, mas esteja certo de que esta meta é para VOCÊ e não para agradar alguém ou para parecer bem ou para provar algo. Se você está com dificuldade de escrever uma meta, sentindo que está se forçando a fazer isso, então talvez seja hora de rever a meta.

6. Todas as suas metas devem ter um prazo para serem alcançadas. Faça uma previsão de quando espera alcançar suas metas: seis meses, um ano, dois anos, cinco, dez, vinte anos. Prazos vagos não vão proporcionar foco e ajudá-lo a atingir sua meta.

7. Metas devem ser flexíveis (e isto significa prazos também). "Espanto!" Isso provavelmente parece ir contra tudo o que já foi dito sobre metas (como você pode se comprometer com algo que pode mudar?), mas uma das principais razões pelas quais as pessoas não atingem suas metas é porque elas não as atualizam ou modificam conforme necessário. A vida muda, ideias mudam, influências mudam – esteja preparado para ser flexível e rever suas metas regularmente. Isso não significa proporcionar a si próprio cláusulas de escape quando as coisas ficam complicadas, significa avaliar honestamente quando algo não é mais viável e precisa de ajuste.

Então examinamos metas e como alcançá-las, os sentimentos necessários para estimular qualquer ação e a "mágica" de preparar seu radar mental. Mas você quer mudar agora, certo? O simples ato de identificar e definir metas já é uma mudança em si para muitas pessoas – mas vamos ser mais específicos e começar a dar pequenos passos já.

As ações são o que nos levam a nossas metas. Sim, paixão, desejo, sonhos, empolgação, entusiasmo, prazer e loucura podem ajudar a mover montanhas, mas nada supera ações bem planejadas e bem executadas em intervalos regulares. Elas não esgotam ou sobrecarregam-no, não são assustadoras ou extremamente tenebrosas, mas são progresso e movimento, e, como tal, inspiram, motivam e fazem você se sentir bem consigo mesmo.

COISAS PARA FAZER HOJE: Dê o primeiro passo. Escolha uma das metas que quer atingir, escreva um passo que deve dar para obtê-la. Agora considere este passo como uma meta e divida em outros passos – que passo ou passos deve dar para alcançar isto? Continue dividindo esse passo em outros menores até encontrar um minipasso que pode dar HOJE.

Possíveis obstáculos do progresso

À medida que você escreve suas metas, pode começar a identificar obstáculos potenciais – coisas que podem impedir que você faça progresso e alcance seu resultado. Eles podem ser reais ou imaginários, não importa. Se você descobrir alguns, isso será ótimo! Identificando, você pode começar a encontrar soluções para vencê-los. Use seus possíveis obstáculos para criar mais passos de ação – formas de resolver ou contorná-los. E se você não consegue pensar no que fazer, então transforme em sua meta "descobrir o próximo passo e começar a pesquisar".

Meta: Encontrar um hobby que realmente aprecio.

Possíveis obstáculos:

1. Não tenho a menor ideia do que gostaria de fazer.

2. Tenho muito pouco tempo para mim mesmo.

Passos a dar:

1. Descobrir o que eu gostaria de fazer (ideias: peça a um amigo para lhe dar ideias, ler alguns livros, pesquisar na internet, fazer uma lista de coisas de que costumava gostar).

2. Começar a arranjar tempo para mim (ideias: reservar 15 minutos por dia para mim sem interrupções; desligar o computador/TV/celular durante uma hora por dia).

Sugiro que você mantenha sua lista de metas na confidencialidade ou só compartilhe com pessoas em quem confia, pessoas que lhe dão apoio e incentivo, modelos de referência saudáveis e felizes que acreditam incondicionalmente em você. Outras pessoas que não essas podem influenciá-lo com suas crenças e energia negativa e inconscientemente – ou até mesmo conscientemente – sabotar sua tentativa de mudar.

Lembre-se, sua lista de metas é um começo, um começo empolgante, o primeiro capítulo de sua nova história, não o final. Agora você vai precisar de imaginação, foco, conscientização, flexibilidade e algumas chaves para o sucesso. Continue lendo e saiba que hoje é o dia que irá mudar sua vida.

7
HOJE É O DIA DE FAZER SUA MENTE AJUDÁ-LO

O poder de sua mente está trabalhando, seja em seu favor ou contra, do minuto em que você acorda ao minuto em que vai se deitar à noite (e indiscutivelmente durante seus sonhos, mas isso é outra história).

Imagine por um momento que seus pensamentos são como diretores de cinema e que suas crenças são os roteiristas – juntos eles criam os filmes diários da mente, ou sua *imaginação*. Todos os dias, em um cinema "muito próximo" de você, a colaboração coletiva criativa entre pensamentos e crenças exibe o filme "experiência de seu mundo". A boa notícia é que se trata de uma experiência interativa, portanto você pode fazer modificações e criar finais diferentes sempre que quiser.

Que história você gostaria de contar hoje?

A imaginação não precisa ser algo frenético, ou domínio exclusivo dos contadores de histórias, é algo que você usa o tempo todo. Quando pensa sobre o dia que tem pela frente, está imaginando. Quando pensa sobre o que deve acontecer com um projeto em andamento, está o imaginando. Quando pensa sobre como seu parceiro vai reagir a algo, está imaginando. Tudo bem, então você pode estar baseando suas imaginações em coisas do passado, mas elas continuam sendo imaginações. E é exatamente este hábito de basear coisas em experiências passadas que pode nos deixar presos!

Pense sobre os eventos, condições e circunstâncias sendo consistentemente experimentadas em várias áreas de sua vida... Depois pense sobre seus pensamentos predominantes, o que você imagina com mais frequência nessas áreas, e você verá uma conexão.

Relacionamentos Você imagina que eles são fáceis e prazerosos? Você imagina brigas e dificuldades? Você imagina um casamento perfeito ou um divórcio potencial?

Trabalho Você imagina passar cada dia fazendo o que gosta? Você imagina trabalhar duro e ficar cansado? Você imagina sempre fazer a mesma coisa?

Dinheiro Você imagina abundância? Você imagina trabalhar duro para equilibrar as contas? Você imagina não ter o suficiente para chegar ao fim do mês?

O futuro Você imagina alcançar tudo o que deseja? Você imagina ser exatamente igual a seus pais? Você imagina as coisas indo bem ou indo mal?

Saúde Você imagina ótima saúde e vigor? Você se imagina regenerando ou degenerando? Você se imagina doente?

Bem-estar Você imagina ficar e manter-se em forma? Você se imagina perdendo a forma? Você se imagina sedentário ou correndo uma maratona?

Tudo o que você cria na vida começa como uma imagem em sua mente

Tudo o que você cria na vida começa como uma imagem em sua mente, seja um sanduíche ou um uma multinacional de sucesso. Uma ótima maneira de começar cada dia é passar cinco minutos imaginando seu dia transcorrendo perfeitamente. Repasse mentalmente os eventos de cada dia imaginando os melhores resultados possíveis e imagine-se ao final do dia, relaxado e satisfeito. Alguns dos meus clientes mais céticos inicialmente evitaram este exercício por considerarem uma "ilusão."

> **"Nos primeiros dias isso foi muito difícil, mas mesmo assim me senti melhor só de ter cinco minutos relaxantes para mim. Depois ficou mais fácil e divertido imaginar tudo dando certo. Minha mulher e meus filhos disseram que eu estava mais feliz no café da manhã, o que significava todos saindo de casa com o humor muito melhor. Começar o dia se sentindo bem certamente fez diferença e então comecei a usar a mes-**

HOJE É O DIA **DE FAZER SUA MENTE AJUDÁ-LO** 103

ma técnica antes das reuniões, ou voltando do trabalho para casa. Eu continuava imaginando tudo dando certo. Meus colegas no trabalho me perguntavam por que eu vivia sorrindo! Acho que existem várias razões para isso funcionar, mas na verdade não preciso saber, só sei que teve um grande impacto na minha vida."

Não se preocupe, seja feliz

Se você começa o dia se preocupando então está fazendo o oposto do mencionado acima e imaginando o pior em vez do melhor (possivelmente por muito mais que cinco minutos!) – então por que não inverter isso e passar este tempo pensando sobre coisas positivas? A preocupação é a pior forma de atividade mental que existe. É uma perda de tempo e de energia e faz mais mal do que bem. Pode até deixar você doente! As salas de espera dos médicos estão cheias de pessoas que ficaram "doentes de tanto se preocupar". Indigestão, problemas cardíacos, insônia, síndrome do intestino irritável e dor nas costas são apenas alguns dos sintomas resultantes de preocupações habituais. Por que não tentar se "imaginar melhor" em vez disso? Existem muitas provas do poder da mente sobre o corpo, então ponha isso em bom uso.

MENTE CONTROLANDO O MOVIMENTO

Levante-se, deixe os pés afastados alinhados com os ombros e equilibrados. Levante os braços até que fiquem paralelos ao chão. Agora gire lentamente para a esquerda o máximo que conseguir, confortavelmente e sem forçar, acompanhando as pontas dos dedos com os olhos. Observe onde seus dedos pararam e marque mentalmente este lugar da sala. Agora volte, abaixe os braços, feche os olhos e imagine-se girando novamente – só que desta vez alcançando mais longe, com facilidade. Relaxe. Agora imagine isso de novo – mas alcançando muito mais longe; imagine

104 HOJE É O DIA QUE **IRÁ MUDAR SUA VIDA**

sentindo-se flexível e confortável. Agora abra os olhos e repita o primeiro passo. Você foi mais longe que da primeira vez? Parabéns, você acaba de se programar para ir além de seu limite percebido.

A preocupação é mentalmente desgastante, também. Ela cria estresse, ansiedade e exaustão, para o preocupado e para as pessoas ao seu redor. Sua capacidade mental pode ficar afetada e em pouco tempo você pode se descobrir preso a um círculo vicioso, preocupado com preocupações e com o quanto está se sentindo péssimo como resultado disso. As pessoas preocupadas são suscetíveis à depressão e mais predispostas a fumar, beber ou ter outro tipo de vício.

Imagine que você tem dois conselheiros: o Sr. Preocupação e o Sr. Autoconfiança. Quão diferentes eles são? Com qual deles você buscaria orientação? A qual deles você tentaria se equiparar?

No todo, a preocupação não traz muito em seu favor. Com certeza, provavelmente existem muitas pessoas viciadas nessa preocupação mental, que já estão pensando em algumas razões para mantê-la. Pedi a 10 pessoas predispostas à preocupação para fazerem uma lista de "boas" razões para sermos preocupados. A seguir estão algumas de suas respostas:

"Sinto-me no controle sobre as situações."

"Deixa-me seguro."

"Ajuda-me a resolver problemas."

"Impede-me de cometer erros."

"Prepara-me para o pior."

"Impede-me de pensar em outras coisas."

"Sinto que tenho algo para pensar."

"É fácil – porque já faço muito isso."

"Estou acostumado."

"Deixa-me alerta."

Agora se você lesse a lista anterior como parte de um anúncio provavelmente compraria o produto. Que fantástico! Algo que lhe permite controlar situações, deixa você seguro, ajuda a resolver problemas, impede que você cometa erros e prepara você para o pior. Pode trazer! Todos queremos um desse. Mas *isso é verdade?* Será que a "preocupação" realmente faz alguma dessas coisas? E se você lesse as letras miúdas do anúncio? E os efeitos colaterais?

Pedi às mesmas 10 pessoas para escreverem uma lista de como a preocupação as afeta física e mentalmente. A seguir estão algumas das respostas:

"Tenho palpitações com frequência."

"Uma ansiedade terrível."

"Aflição."

"Agitação."

"Insônia."

"Não consigo pensar direito."

"Crises de pânico."

"Dores de cabeça frequentes."

"Dor de estômago."

"Dor nos ombros e no pescoço."

"Piora minha asma e meu eczema."

Você ainda quer comprar?

A preocupação é uma função da imaginação. Se você não conseguisse imaginar coisas, não poderia se preocupar. A imaginação é algo maravilhoso quando usada para nosso proveito. Porque conseguimos imaginar, podemos planejar com antecedência e conceber diferentes possibilidades futuras. A imaginação nos oferece a oportunidade de mudar nosso curso na vida e de tomar decisões e fazer escolhas sobre possíveis futuros. Então por que você quer desperdiçar esta dádiva imaginando o pior?

A preocupação envolve focar no medo, o que acontece se você focar no oposto?

 COISAS PARA FAZER HOJE: Pergunte-se: Como uso minha preocupação para me deter? Com que preocupações gasto minha energia? Como poderia usar melhor esta energia?

A boa notícia é que há *muita* coisa que pode ser feita. Você pode aprender a usar sua imaginação de maneira consciente, eficiente e competente. Pode perceber o quão inútil e pouco produtiva é a preocupação e aprender a se pegar fazendo isso – e então fazer alguma coisa diferente. Faça sua mente ajudá-lo, não o prejudicar.

Pedi a 10 pessoas que usam sua imaginação positivamente para escreverem uma lista de "boas" razões para fazerem isso. A seguir estão algumas das respostas:

"Sinto-me no controle, não uma vítima."

"Prepara-me para o dia."

"Ajuda-me a resolver problemas."

"É ótimo!"

"Muda meu estado."

"Me dá mais energia."

"É fácil, porque faço muito isso."

"Muda como as coisas funcionam."

"Melhora minha autoconfiança."

"Me relaxa e me acalma."

E os efeitos colaterais?

"Mais energia."

"Sono melhor."

"Mais saúde."

"Melhor tomada de decisões."

"Mais calmo."

Registre Momentos Mágicos da Mente

Pense em três momentos maravilhosos de qualquer época de sua vida, desde a infância até hoje. Momentos em que você se sentiu realmente feliz. Não precisam ser momentos de estremecer a Terra, simplesmente momentos em que você sentiu que estava tudo bem com seu mundo (e se não consegue se lembrar de nenhum, invente um, imagine um cenário maravilhoso). A seguir estão alguns exemplos de algumas pessoas que podem estimulá-lo a lembrar de seus próprios momentos mágicos:

Quando meu filinho me abraça e diz "Mamãe eu te amo".

Mergulhar nas ilhas Maldivas.

Sentar-se na frente de uma lareira no final de um dia frio.

Assistir a um maravilhoso pôr do sol.

Ser promovido no trabalho.

Receber as notas das provas – e ser aprovado!

Andar a cavalo pela primeira vez.

Descubra seus pensamentos prazerosos e gaste algum tempo com cada um deles. Lembre-se do momento o mais completamente que puder. O que você conseguiu ver/ouvir/sentir/cheirar? Deleite-se com o momento repetidas vezes. Quão bem você se sente sobre isso? Faça isso regularmente com cada um de seus momentos mágicos escolhidos e da próxima vez que você se pegar assis-

Descubra seus pensamentos prazerosos e gaste algum tempo com cada um deles

tindo a suas Preocupações, mude para o canal de Momentos Mágicos e assista a algo diferente.

Um tema comum das preocupações é "o outro". Quando estamos concentrados em nossas preocupações, imaginamos o que os outros estão pensando, sentindo, fazendo, o que vão fazer, o que fizeram, etc. Gastamos uma energia preciosa em algo que só existe em nossa imaginação. E como isso afeta a maneira de agirmos com esses outros? É uma situação sem saída e, além disso, extenuante.

COISAS PARA FAZER HOJE: Conscientize sua mente e sua imaginação. Que filmes mentais você está passando em sua cabeça quando acorda/começa o dia/vai para o trabalho/para as compras/encontra alguém, etc.? Esteja ciente de como eles moldam suas experiências. O que você pode fazer para mudá-los?

Crença – pensamento – imagem – ação

Aquilo em que você acredita molda seus pensamentos. Seus pensamentos criam as imagens em sua mente (embora discutivelmente essas imagens sejam parte de seus pensamentos!) e suas ações são respostas a elas. E há o *loop* de *feedback*, algo como: "Eu disse pra você" para seu pensamento... Então lá vai você de novo.

Veja um exemplo:

Você tem uma reunião no trabalho e **acredita** que reuniões são um inconveniente que invariavelmente resultam em mais trabalho para fazer e você sente que não dá conta.

Este **pensamento** cria uma **imagem** em sua mente de você entrando atrasado em uma sala repleta de rostos sisudos e silêncio.

Esta **imagem** o enche de medo e, como resultado de tentar se acalmar, você chega um pouco atrasado e esquece um documento importante.

"Viu, eu disse pra você: as reuniões sempre são um inconveniente!"

(Crença confirmada!)

Agora imagine outro exemplo, começando com uma crença diferente:

Você tem uma reunião no trabalho e **acredita** que reuniões são uma forma excelente de compartilhar e trocar informações com os colegas.

Este **pensamento** cria uma **imagem** em sua mente de uma sala cheia de rostos receptivos e conversas.

Esta **imagem** o enche de expectativa e você chega cedo e irrompe pela porta com um sorriso no rosto.

"Viu, eu disse pra você: reuniões são o máximo!"

(Crença confirmada!)

A boa notícia é que ao ter ciência do que estamos imaginando podemos mudar isso!

Entendendo nossas crenças e usando o poder de nossas mentes para visualizar (ou imaginar) algo diferente podemos mudar nossos pensamentos, sentimentos e ações e ganhar controle sobre nossa vida.

Mais do que imagens

Nem todo mundo consegue "ver" imagens vívidas de alta qualidade em sua mente – inclusive eu. Acredito que seja por isso que a palavra visualização pode desencorajar as pessoas porque isso implica um tipo de visão interior. O que eu (e talvez você) experimento é a conscientização de algo, que talvez envolva trazer à tona uma sensação, um cheiro, som, sabor ou uma combinação disso. Imagine por um minuto uma rosa. Talvez você não crie uma imagem clara dela, mas tem a sensação do que uma rosa significa para você. Talvez sinta a fragrância, imagine o vaso, o buquê ou o jardim em que ela está, sinta as pétalas (ou os espinhos), ou escute o corte da tesoura podando a roseira. Talvez você não consiga ver a rosa claramente, mas provavelmente consegue me dizer de que cor, tamanho ou forma ela é e quantos botões estão ao seu redor. E tudo isso em um instante.

Nem todo mundo percebe o mundo da mesma maneira, e nem todos "imaginam" da mesma maneira. Na verdade, cerca de 40% da população é mais sensível à visão (visual), de 30% a 40% reage mais à sensação (sinestésico) e de 20% a 30% é mais receptivo ao som (auditivo). Geralmente, somos um pouco de cada coisa, talvez com um dos sentidos mais predominante.

Conhecer seu tipo predominante pode ajudá-lo a usar melhor o poder de sua mente. Sendo uma pessoa predominantemente sinestésica, qualquer coisa baseada em visualização se perde em mim. Quanto mais alguém me diz para criar uma imagem de algo, para "ver" um resultado ou "visualizar" um dia perfeito, mais frustrada e desanimada eu fico. E o mesmo se aplica aos amigos "visuais" quando alguém pede para "sentirem" como algo é, ou para imaginarem como eles se "sentiriam sobre" algo... Eles simplesmente não conseguem!

COISAS PARA FAZER HOJE: Todo mundo tem a capacidade de visualizar e imaginar, mas cada um pode fazer de forma um pouco diferente. Como você percebe e imagina o mundo? Você é predominantemente visual, auditivo ou sinestésico? Pense sobre um lugar agradável que visitou há pouco tempo. Qual é a primeira coisa que lhe vem à mente? A aparência, os diferentes sons que ouviu ou o que sentiu quando estava lá? Esta é uma das perguntas que pode ajudá-lo a determinar se é mais visual, auditivo ou sinestésico.

Observe também como as pessoas ao seu redor se expressam. Expressões como "A meu ver parece bom", "Isso me soa bem", ou "Sinto que não está bom", poderiam revelar uma tendência visual, auditiva ou sinestésica, respectivamente.

Conversar com uma pessoa visual usando palavras de sensação pode ser como falar em um idioma diferente! Saber como você e os outros percebem o mundo pode facilitar a vida de todos, especialmente a sua!

"A imaginação é tudo – é a prévia das próximas atrações da vida"

Existe uma linda citação do cientista mundialmente famoso Albert Einstein: "A imaginação é tudo – é a prévia das próximas atrações da vida". E existem muitas histórias maravilhosas que dão suporte a esta teoria.

GOLFE IMAGINÁRIO

Lembro-me de ter lido sobre um homem extraordinário que foi prisioneiro de guerra. Durante sete anos, o Coronel da Força Aérea George Hall permaneceu trancado em uma caixa escura de uma prisão norte-vietnamita. Teria sido fácil definhar sob tais condições – tanto física quanto mentalmente. Mas este homem incrível escolheu usar sua mente para ajudá-lo a escapar dos horrores de sua situação. Ele adorava jogar golfe, então decidiu jogar todos os dias durante sete anos uma partida inteira de golfe em sua imaginação – perfeitos 18 buracos, a cada dia. Só posso imaginar que seu jogo imaginário diário tornou-se um lugar maravilhoso para escapar. Relatos contam que uma semana depois de ser libertado de seu campo de prisioneiros de guerra, ele participou do campeonato de golfe Greater New Orleans Open e completou a rodada com uma pontuação de 76. Foi a melhor partida de golfe que ele já havia jogado em sua vida... E isso para um homem que não participou de uma partida "real" em sete anos – exceto em sua imaginação!

Este é um exemplo extremo, mas mesmo assim ilustra um aspecto importante para qualquer pessoa que deseja mudar de vida: o poder da mente é incalculável e transcende a compreensão da ciência. O cérebro humano já foi dissecado, testado, examinado, estudado, escrutinizado talvez mais do que qualquer outra parte do corpo. No entanto, continuamos longe de uma definição do que chamamos de "mente".

IMAGINE SUAS METAS

(Este é um ótimo exercício para você fazer com seu parceiro, mas também pode ser feito sozinho. É muito poderoso e as pessoas geralmente se surpreendem com as mudanças que ocorrem como resultado.)

Pegue seis folhas de papel A4 e uma caneta marcadora de ponta grossa. Em cada uma das folhas escreva claramente (em letras maiúsculas grandes) uma meta que quer alcançar. Seja sucinto – use palavras-chave –, você não precisa descrevê-las detalhadamente.

HOJE É O DIA **DE FAZER SUA MENTE AJUDÁ-LO** 113

Agora escolha um espaço no chão que represente o hoje. Imagine uma linha que se estende a partir do espaço que representa o hoje e decida onde na linha está o futuro. Distribua suas metas ao longo de sua linha do tempo imaginária – posicione as metas onde deseja alcançá-las no futuro: daqui a seis meses, um ano, cinco anos, etc.

Quando as seis metas estiverem posicionadas onde você deseja na linha do futuro, quero que você pise em sua primeira meta. Leia a meta, depois feche os olhos e imagine que ela esteja acontecendo agora – torne-a real em sua imaginação (o que você vê, sente, ouve, cheira?). Permaneça ali por quanto tempo desejar.

Antes de passar para a próxima meta, vire para trás e olhe para o ponto no chão que você marcou como hoje. Da posição onde você atingiu sua meta, que conselho poderia dar para o seu eu de hoje.

Repita isso para as seis metas.

Antes de terminar o capítulo, passe um momento se imaginando daqui a um ano. Examine tudo o que fez e alcançou. Recorde-se de todos aqueles momentos/férias/sucessos maravilhosos. Sorria quando se lembrar dos momentos divertidos e engraçados. Comemore suas realizações/triunfos/conquistas. Observe como se sente mais saudável e vigoroso, mais em paz consigo mesmo e com sua vida. Imagine quanto dessas pequenas mudanças se somaram e se transformaram em um dos melhores anos de sua vida. Agora desfrute!

ifi
8

HOJE É O DIA DE SE CONCENTRAR NAS PEQUENAS COISAS (QUE FAZEM AS GRANDES COISAS ACONTECEREM)

HOJE É O DIA **DE SE CONCENTRAR NAS PEQUENAS COISAS...** 117

Muitos de nós nos sentimos atraídos por grandes mudanças – isso nos empolga, especialmente depois de mais um dia idêntico ao outro... Grandes mudanças divertem também; veja quantos programas de TV são criados em torno deste tema: reconstruções totais, transformação da casa, dietas radicais, shows de talentos (solteirona desempregada consegue contrato bilionário). O público (nós) adora assistir e se envolver nas grandes mudanças de vida dos outros. Uau! Eu poderia fazer isso também! A realidade, claro, é que quando tentamos reconstruir nossas vidas de cima para baixo, na semana seguinte já estamos de volta ao que era antes. Somos criaturas de hábitos e temos dificuldade com grandes mudanças de uma vez só.

Entendo que, quando você quer mudar sua vida, de repente pode parecer crucial fazer TUDO imediatamente: você quer perder peso, mudar de carreira, melhorar seus relacionamentos, entrar em forma, melhorar sua vida social, harmonizar seu lar e diminuir o estresse! Mas tentar mudar muito em uma tacada só requer um esforço sobre-humano, e se você não estiver à altura dos padrões de um super-herói, provavelmente vai desistir.

Sua lista de afazeres requer competências de gestão de tempo de primeira ordem para que você consiga traçar um plano de curso em regime diário capaz de pôr à prova um super-herói – então você provavelmente não vai conseguir cumpri-la. Por quê? Porque é fora da realidade, opressivo e extremamente trabalhoso. O que aconteceu com a qualidade de vida e o equilíbrio?

Entretanto, há boas notícias! Uma mudança real pode acontecer já sem exauri-lo no processo. Neste capítulo, vamos pensar pequeno e fazer uma grande diferença. Vamos adotar o princípio de que pequenas ações se somam, que a verdadeira mudança diz respeito a pequenos ajustes praticados ao longo do tempo e que mesmo uma mudança de 5% já pode mudar sua vida drasticamente. Se você estivesse saindo de barco no oceano e no último minuto mudasse uma fração mínima do curso traçado, acabaria distante muitas milhas do destino desejado originalmente. E a vida é assim. Mude algo em uma pequena fração e seu resultado será diferente.

COISAS PARA FAZER HOJE: Escreva cinco coisas pequenas sobre as quais se sentiria bem em fazer diferente hoje. Então faça!

Mudar sua vida não diz respeito apenas a definir e alcançar grandes metas, diz respeito também a adaptações e mudanças momento a momento que você pode fazer nos pequenos detalhes de seu cotidiano: escolhas e decisões diferentes que podem ser feitas dia após dia; conhecer e alterar seus pensamentos que não lhe atendem e estar "presente" – reconhecendo e valorizando o que é bom "agora."

COISAS PARA FAZER HOJE: Escreva 10 coisas que você valoriza em sua vida agora. Lembre-se delas quando acordar pela manhã e ao se deitar à noite.

E você não precisa abrir mão de nenhum plano grandioso tampouco. Pode sonhar tão alto quanto quiser, mas assim como acontece com as pessoas mais bem-sucedidas na vida, uma vez que sabe aonde quer ir, você precisa criar um plano funcional para chegar lá – com passos diários. Se sua meta é o status de milionário e atualmente vive contado moedas, então poderia começar economizando, ganhando ou investindo alguns trocados extras hoje. Se ter um corpo em forma e magro é sua meta e você está acima do peso, então poderia decidir que a partir de hoje vai se servir de menos comida em cada refeição. Comece agora dando um passo simples rumo à mudança que deseja – e assim a mudança já começou.

Comece agora dando um passo simples rumo à mudança que deseja

COISAS PARA FAZER HOJE: Escreva 100 pequenas coisas que você poderia fazer para mudar sua vida de maneira pequena, mas positiva.

Exemplos:

Crie um lugar especial Este é o lugar em que você sempre coloca sua carteira/chaves/telefone/bolsa – tudo o que é vital e que costuma sumir bem na hora de sair de casa.

Faça pausas gratificantes Faça pausas assim ao longo do dia – momentos em que você para e reconhece algo que é maravilhoso em sua vida hoje.

Exponha coisas estimulantes Pendure ou prenda figuras/fotos/quadros/citações/notas que o estimulem.

Separe sua correspondência perto da lata de lixo Livre-se da mala direta, das cartas e dos envelopes indesejados e desnecessários imediatamente. Se você não tem tempo para separar sua correspondência, arrume um lugar específico para colocar isso também.

Leia, assista ou ouça algo/alguém engraçado todos os dias Faça o que for necessário para fazê-lo gargalhar.

Faça algo diferente

Não importa se você já tem suas metas claras ou se ainda está definindo exatamente aonde quer chegar, nada vai mudar a menos que faça algo diferente. E se você está preso a um padrão (ex: As coisas continuam não dando certo e você continua fazendo o mesmo), faça algo diferente para romper este padrão. Por exemplo, se você continua discutindo com seu parceiro/colega de trabalho/filho, da próxima vez que as coisas começarem a esquentar, mude de posi-

120 HOJE É O DIA QUE IRÁ MUDAR SUA VIDA

ção/sente-se no chão/equilibre uma xícara em uma mão. Use sua imaginação: quando quiser romper qualquer hábito, faça algo "incomumente" diferente quando for praticá-lo. Veja o que muda! Pense sobre seu dia típico. Muitos de nós estamos tão habituados a uma rotina que dificilmente paramos para pensar se estamos fazendo algo da melhor maneira (para nós) ou se simplesmente fazemos assim porque é como sempre fizemos isso! Nós nos limitamos potencialmente. Obviamente existe algum conforto nas rotinas que nos são familiares, mas vale a pena verificar se estamos perdendo outras possibilidades que possam aumentar e melhorar nossa sorte. Que pequenas mudanças você poderia fazer em sua rotina diária?

Ler um jornal diferente.

Sentar em um lugar diferente no trem/ônibus/almoço/trabalho.

Assistir algo diferente na TV – ou NADA de TV por uma noite.

Sintonizar em uma estação de rádio diferente.

Comprar em uma loja diferente.

Comprar comidas que nunca comprou antes.

Usar um novo estilo/cor.

Mudar sua postura/como anda (para melhor).

Comportar-se diferentemente (por exemplo: trocar impulsividade por não impulsividade, ou vice-versa).

Acerte seu despertador para meia hora mais cedo.

Passe um tempo com alguém diferente.

Nunca se sabe aonde fazer algo diferente pode nos levar... Uma mulher se matriculou em um curso de yoga pela primeira vez e cinco anos depois tornou-se professora de yoga. Um homem foi a uma reunião em um loteamento público e agora planta todos os vegetais que consome, mudando os hábitos alimentares da família.

Uma mulher passava seu curto trajeto diário no trem escrevendo uma história – e agora é uma escritora com livros publicados.

Dando aquele primeiro passo

Imagine cinco pássaros empoleirados em um galho e então um deles toma a decisão de voar para uma terra mágica distante onde acredita que o néctar seja de qualidade excepcional e com muitos pássaros. Quantos pássaros ficaram no galho? Acertou, cinco. Um tomou a decisão de cair fora, mas na verdade não "fez" nada. Você pode passar meses (ou anos) imaginando, planejando, decidindo e entendendo o que precisa ser feito, mas é o "fazer" que o levará até lá.

PEQUENOS PASSOS, GRANDES RESULTADOS

Rob estava acima do peso desde a adolescência. Nos anos de escola, ele foi insultado, escarnecido e desde então acabou se acostumando com seu tamanho e aceitando a percepção geral de que ele era Rob, o "fofão", – um bom amigo para sair para comer, mas não alguém para se convidar para uma excursão que exigisse qualquer grau de preparo físico. No entanto, um mal-estar na tenra idade de 31 anos chocou Rob, deixando claro para ele que sua aceitação do excesso de peso era na verdade uma maneira de fingir que tudo estava bem. De repente, ele sentiu medo, ganhou ciência de seu risco de vida e sentiu-se envergonhado de seu tamanho. Determinado a tornar-se saudável, ele jurou que daquele dia em diante jamais passaria as noites comendo aperitivos, que todos os doces e comidas gordurosas seriam banidas de sua dieta e que entraria em uma academia para ficar em forma.

O primeiro dia foi um relativo sucesso. Ele não parou para comparar o habitual doce a caminho do trabalho, seu encorpado café com leite

▶

122 HOJE É O DIA QUE IRÁ MUDAR SUA VIDA

foi substituído por chá de ervas, batatinhas chips foram eliminadas do jantar e ele não foi mais para o bar à noite. Faminto, e um pouco tenso, mesmo assim ele se sentiu feliz consigo mesmo quando foi se deitar. No dia seguinte, ele daria uma passada na academia na volta do trabalho para se matricular.

O segundo dia começou bem. Ele conseguiu mais uma vez diminuir a comida durante o dia, mas a caminho da academia seus nervos o venceram e ele abocanhou uma barra de chocolate e um saco de salgadinhos (contando que em pouco tempo eliminaria essas calorias – assim que entrasse na academia). Foram precisos 15 minutos para que Rob criasse coragem para sair dos limites seguros de seu carro para a academia. "É como se todos esses anos que passei fingindo que não tinha problema ser gordo de repente estivessem ao meu encalço, meu coração estava acelerado, minhas mãos transpirando e eu estava com ódio de mim. Criar coragem para entrar na academia e pegar um formulário de inscrição parecia como uma das coisas mais difíceis que eu já havia feito. Fiquei imaginando como eu conseguiria entrar lá para malhar se só isso já tinha sido tão difícil."

Naquela noite, Rob teve um jantar farto e depois foi para o bar – desesperado em buscar consolo dos amigos de sempre e do ambiente familiar. Na hora de dormir do segundo dia, Rob se sentiu um fracasso total; ele fracassou em fazer as mudanças a que se comprometeu – tudo no prazo de dois dias. Rob entrou em depressão, ganhou mais peso e seu trabalho começou a ficar prejudicado.

Durante as sessões de consultoria para ajudá-lo no trabalho, o assunto do peso de Rob veio à tona, e ficou claro que seu sentimento sobre perda de peso e condicionamento físico pretendidos estava afetando todas as áreas de sua vida. Com ajuda, Rob esclareceu sua intenção de transformar sua saúde e criou uma forte visão de um futuro Rob magro e em forma. Ele então criou uma lista de pequenos passos que poderia dar rumo a esta meta. Frequentar a academia e eliminar todos os "alimentos ruins" de uma única vez não era uma opção – ele já havia tentado e sofreu as consequências.

Rob começou devagar e definiu metas alcançáveis que sabia que poderia cumprir. Ele substituiu um lanche do dia por fruta ou vegetais, caminhava durante 20 minutos na hora do almoço, bebia um copo de água três vezes por dia, punha um pouco menos de comida no prato a cada refeição e comprou alguns pesos para se exercitar enquanto assistia TV à noite. Foram pequenas mudanças em sua rotina diária que ele introduziu pouco a pouco, em seu próprio ritmo. Seu senso de realização o motivava diariamente e ele nunca se sentiu pressionado pela tarefa que tinha pela frente. Antes que se desse conta, ele já estava mais magro e mais em forma, seus amigos comentavam e a impressão que tinha é de que tudo isso exigiu pouco esforço. Um pequeno passo após o outro. Rob acabou entrando para a academia e desde então nunca mais olhou para trás.

COISAS PARA FAZER HOJE: Faça algo durante cinco minutos. Às vezes, a dimensão de um projeto nos impede de começar. Defina a porção mais gerenciável possível e gaste cinco minutos dando um primeiro passo, ou passos, tais como:

Arrumar um armário.
Rascunhar ideias para um livro.
Procurar um trabalho novo.
Exercitar-se.
Começar uma lista de projeto.

Crença – pensamento – imagem – ação

A pesquisa mostra que são necessários 21 dias para se criar um hábito – e apenas um dia para começar! Então se você quer mudar algo em sua vida (a fazer ginástica, comer de maneira saudável, meditar, acordar disposto, entregar seu trabalho no prazo, qualquer coisa!), comece hoje e então faça o mesmo nos próximos 20 dias. Isso não parece tão assustador quanto comprometer-se por toda a vida, parece? Após 21 dias, ramificações nervosas terão se formado e será fácil continuar – e você já estará colhendo os benefícios. Na verdade, como você estabeleceu um hábito novo, talvez seja ainda mais difícil *não* adotar o novo comportamento do que foi quando começou.

COISAS PARA FAZER HOJE: Que bons hábitos você pode começar a praticar hoje e continuar durante 21 dias? Liste cinco coisas, tais como:

Parar de tomar café.

Parar de comer doces/chocolate/biscoitos.

Passar cinco minutos relaxando em silêncio todos os dias.

Escrever um diário.

Tomar uma vitamina de frutas ou de vegetais todos os dias.

Reservar um tempo extra para qualquer trajeto e para ser pontual (ou adiantado).

Ter entusiasmo e sorrir.

Beber mais água.

Dar uma volta na hora do almoço.

Por onde começar?

Se você já escreveu sua lista de metas, mas ainda não a pôs em prática, comece hoje! Escolha uma de suas metas e pergunte-se: "qual é o passo mais fácil para eu dar hoje rumo ao que quero?". Escreva três coisas que pode fazer nas próximas 24 horas para ficar mais próximo de sua meta. E se escolher apenas uma de suas metas se

HOJE É O DIA **DE SE CONCENTRAR NAS PEQUENAS COISAS...** 125

mostrar difícil, sugiro que você escolha a maior, mais assustadora primeiro, porque sem dúvida "ela" afetará muitas outras áreas de sua vida. Ao dar passos em direção a algo "grande", provavelmente você experimentará um senso de orgulho e alívio – ambos grandes motivadores.

ESCLARECENDO SUAS METAS

A maior meta de Judy era trabalhar em algo que ama dentro de um ano porque o trabalho atual é algo de que ela não gosta e estava afetando seus relacionamentos e sua saúde. Conversei com ela dois meses depois de ter definido sua meta.

"Sempre que penso sobre esta meta me sinto pressionada e insegura sobre por onde começar. Detesto meu trabalho, mas ele me mantém tão ocupada e tão exausta no final do dia que não faço mais nada. Além disso, não sei que tipo de trabalho realmente quero!"

Judy reconheceu que a falta de clareza de sua meta estava dificultando as coisas para ela e que, enquanto não soubesse que tipo de trabalho queria, continuaria sem rumo. Analisamos a situação juntas e fizemos uma lista de pequenos passos que Judy poderia dar imediatamente para alcançar sua meta, e no topo de sua lista estava:

Tornar minha meta mais específica.

Esta simples percepção estimulou Judy a fazer uma pesquisa interior sobre com o que ela realmente gostaria de trabalhar. E o melhor de tudo é que ela podia começar a dar os primeiros passos imediatamente fazendo-se algumas perguntas – algo que podia ser facilmente encaixado em sua agenda atribulada.

"Detesto meu trabalho é uma frase que costumo ouvir regularmente de muitas pessoas, e com frequência o problema é que elas não sabem que tipo de trabalho preferem. Se você se encontra preso a

126 HOJE É O DIA QUE **IRÁ MUDAR SUA VIDA**

um dilema semelhante e gostaria de encontrar uma solução, comece com algumas perguntas hoje:

De quais partes de seu trabalho você gosta?

Que competências você tem (em qualquer área da vida)?

Que trabalho você faria sem pensar em remuneração?

O que você ama fazer?

Existem trabalhos que envolvem o que você ama fazer?

Você tem inveja de alguém? O que essa pessoa faz?

Para que trabalho você se candidataria se tivesse o sucesso garantido?

O que você queria ser "quando crescesse"?

Pelo que gostaria de ser lembrado?

Que pequenos ajustes você pode fazer em sua vida hoje que farão uma grande diferença? A seguir estão algumas ideias para ajudá-lo:

Metas para alcançar	Pequenos ajustes a fazer
Quero ficar em forma.	Fazer 15 minutos de exercício HOJE.
	Estacionar o carro longe do trabalho.
	Descer do trem/ônibus um ponto antes e caminhar.
	Usar as escadas, não o elevador.
	Levantar e dar um giro no escritório/empresa em intervalos regulares.

Quero emagrecer.	*Comer apenas frutas e vegetais no lanche da tarde.*
	Beber um copo de água antes das refeições.
	Ir ao mercado e fazer um estoque de petiscos saudáveis, que não engordam.
	Prender uma foto minha mais magro na porta da geladeira ou do armário da cozinha.
Quero melhorar meus relacionamentos.	*Dar um abraço inesperado em meu parceiro.*
	Ser meu próprio melhor amigo.
	Dizer a uma pessoa o que aprecio nela.
	Colocar-me no lugar dos outros.
	Ouvir de verdade o que os outros estão dizendo.
Quero ganhar mais confiança.	*Listar 10 coisas em que me considero bom.*
	Andar como alguém que tem confiança.
	Focar em algo no que sou bom.
	Fazer algo que tenho adiado.
	Ler ou ouvir algo inspirador.

Grandes mudanças ocorrem a partir de pequenas atitudes

Quando nos concentramos em grandes objetivos, corremos o risco de ignorar o fato de que a mudança se baseia em passos pequeninos – que grandes mudanças ocorrem a partir de minúsculos avanços. Em vez de dar passos de bebê rumo a seus sonhos, as pessoas correm para a beira do penhasco e ficam lá grasnando: "Não consigo saltar, não consigo saltar". É muito melhor empreender uma pequena ação por dia que tentar muito cedo e se apavorar. Prepare-se para ter sucesso. Pense em termos de um voo espacial: se fizer uma mudança mínima na trajetória de lançamento, você pode acabar descobrindo um novo planeta maravilhoso.

9
HOJE É O DIA DE ESCOLHER A QUEM VOCÊ QUER OUVIR

HOJE É O DIA DE ESCOLHER A QUEM VOCÊ QUER OUVIR 131

Se você tivesse de passar cada momento de cada dia (e da noite) pelo resto de sua vida com alguém, como você gostaria que essa pessoa fosse? Como gostaria que ela falasse com você? Você gostaria que ela fosse:

A – amável, solidária, encorajadora, divertida, que estimula a autoconfiança

ou

B – crítica, individualista, negativa e deprimida?

Está na cara, não é?

E se você tivesse o azar de ter B por perto, como isso afetaria seus outros relacionamentos? As pessoas ficariam com você? Em outras palavras, o tipo de pessoas com quem você realmente gosta de estar ficaria com você? Imagine carregar B com você para o trabalho, festas, reuniões de família, eventos sociais. Ele não o tornaria muito popular.

Agora imagine ter A junto de você o tempo todo. Que divertido! As pessoas ficariam felizes de ver você onde quer que fosse – e se não ficassem, você não se incomodaria muito porque teria A ao seu lado. O trabalho seria mais agradável, os convites para festas provavelmente aumentariam e as reuniões de família seriam como você sonhou. Que companhia maravilhosa!

A boa notícia é que você pode escolher! Com *quem* você passa mais tempo na vida do que qualquer outra pessoa? A *quem* você ouve mais?

Sim, esse *quem* é VOCÊ. E depende de você se vai cair na categoria A ou B. O problema é que a maioria de nós já está tão acostumada ao som de sua voz interior que dificilmente dá atenção – no entanto, a coisas como levar A ou B para uma festa, ela realmente tem impacto sobre nosso cotidiano. Imagine sintonizar seu som pessoal em uma estação deprimente e ficar com isso tocando no

132 HOJE É O DIA QUE **IRÁ MUDAR SUA VIDA**

ouvido o dia inteiro. Agora imagine sintonizar em uma estação estimulante e positiva e ter isso como som de fundo ao longo do dia.

Algumas pessoas têm dificuldade com o conceito de uma voz falando dentro da cabeça (parece um pouco coisa de louco), então talvez você prefira considerar isso como pensamentos (ou diálogo interior). E se você não tem certeza de quantos pensamentos tem por dia, a pesquisa varia um pouco, de 12 mil a 63 mil. Diz-se também que 90% de nossos pensamentos são repetitivos, que 90% deles são sobre o passado ou sobre o futuro e que impressionantes 80% são negativos. É de admirar como conseguimos permanecer sãos!

O diálogo interior é a conversa contínua travada dentro de sua cabeça. Mesmo que você não tenha consciência disso, todos nós a travamos. Padrões de diálogo interior negativo ou positivo começam na infância. Seu diálogo interior terá dado o tom de seu pensamento por anos e afetado você de várias maneiras. No entanto, qualquer hora pode ser uma boa hora para mudar isso! Neste momento, seu diálogo interior são as palavras que você está lendo, mas se você parar de ler por um instante poderá pensar: "Sei o que é diálogo interior, então posso pular esta parte", ou "Meu Deus, ela tem razão nisso". Ou seu diálogo interior pode estar fazendo de tudo para desviar sua atenção – caso em que podemos estar deixando você irritado, então minha sugestão é siga em frente na leitura!

Quem está no comando?

A maioria das pessoas não controla seus pensamentos, mas permite que os pensamentos as controlem... Por exemplo, se você tem conversas negativas consigo mesmo regularmente atrairá vários outros pensamentos negativos. Como resultado, você experimentará sentimentos negativos – e estes provavelmente levarão a ações negativas... e assim o ciclo se perpetuará. No entanto, qualquer sugestão de que você pode controlar todos os seus pensamentos daqui em diante, ou qualquer sugestão de que se não conseguir então

HOJE É O DIA DE ESCOLHER A QUEM VOCÊ QUER OUVIR

fracassou é absurda. A coisa mais poderosa que você pode fazer *hoje* é aumentar sua conscientização sobre seus pensamentos. Você provavelmente não percebe com que frequência pensa em coisas negativas, ou o quanto isso afeta sua

A coisa mais poderosa que podemos fazer é aumentar a consciência sobre nossos próprios pensamentos

experiência. A segunda coisa mais poderosa que você pode fazer é tentar se desligar desses pensamentos, ser um observador – até mesmo rir um pouco. A conscientização pode ser curativa.

COISAS PARA FAZER HOJE: Observe um pouco seu diálogo interior. Preste atenção em seus pensamentos hoje, na forma como você conversa consigo internamente. Não tente mudar nada por ora, apenas ganhe consciência do que está pensando. Seus pensamentos são predominantemente negativos ou positivos? Eles são sobre o passado, o futuro ou o presente? Existe algum padrão? Quando sua mente divaga, para onde vai? Sobre o que você pensa? Seria bom ter um papel à mão e anotar alguns dos pensamentos conforme surgem – sem editar!

Se toda essa menção de diálogo interior, pesquisa e pensamentos positivos e negativos deixam você pensando, "que monte de..." então permita-me fazer algumas perguntas:

Para que esse pensamento lhe serve? Que sentimento ele evoca e que ação vai preceder? Ele vai ajudar você a fazer mudanças que deseja em sua vida?

Pensa na pessoa mais feliz que você conhece. Como você imagina que seja o diálogo interior dela?

134 HOJE É O DIA QUE IRÁ MUDAR SUA VIDA

Pense na pessoa mais infeliz que você conhece. Como você imagina que seja o diálogo interior dela?

Pense na pessoa mais bem-sucedida que você conhece. Como você imagina que seja o diálogo interior dela?

Pense na pessoa mais fracassada que você conhece. Como você imagina que seja o diálogo interior dela?

Convenceu-se?

Transformando pensamentos em ações

O pensamento por si só não mudará sua vida – ele precisa produzir uma ação

Buda ensinou: "Tudo o que somos é resultado do que pensamos". E inúmeros outros mestres espirituais compartilham uma mensagem semelhante conosco desde o início dos tempos, portanto estamos em boa companhia aqui. No entanto, o pensamento sozinho não vai mudar sua vida, ele deve produzir ação (uma pequena ação é suficiente, lembre-se pequenas ações se somam).

SONHOS VAZIOS

Um amigo participou do que foi anunciado como um "fim de semana para transformar a vida". A literatura prometia todos os tipos de coisas maravilhosas, incluindo ajuda para alcançar a vida desejada e ter controle sobre a vida pessoal e profissional. O preço também foi salgado, certamente um sinal de que devia ser bom! Ele passou dois dias sendo levado a um estado de alto excitamento. Ele cantou e vi-

▶

brou com os outros enquanto todos teciam sonhos extraordinários e se viam alcançando sucessos acima de todas as expectativas já concebidas. Ele voltou um homem mudado – durante cerca de dois dias. No terceiro dia, ele pareceu bastante deprimido. "Fiquei tão decepcionado; nada havia mudado, na verdade as coisas pareciam piores porque agora eu me sentia um fracassado – e com menos duas mil libras no banco!", ele explicou. Ao que parece, o curso não incluiu um ingrediente vital: ação. Sim, os pensamentos são algo incrivelmente poderoso, mas a menos que desencadeiem uma mudança no que você vem fazendo, nada vai mudar. Meu amigo foi incentivado a sonhar grande, mas não teve a oportunidade de identificar os passos necessários para chegar a seu destino. Agora tudo isso parece um monte de sonhos loucos, inatingíveis. Ele não fez nada diferente, e se viu como um fracassado.

Se já acha que a ideia de vozes em sua cabeça é um tanto maluca, então a ideia de que você pode atribuir um personagem a cada uma pode extrapolar as coisas... mas fique comigo.

Vamos tomar meu amigo acima como um exemplo. Ao longo de muitos anos de programação, residia em sua cabeça o Sr. Desencorajamento. Sempre que ele tentava sair de sua zona de conforto, o Sr. D surgia e o persuadia a "não ser tão louco". O Sr. D alertava sobre tudo o que poderia dar errado, lembrava que alguém com a formação dele nunca chegaria a nada especial na vida e falava sobre o papel de bobo que ele faria se tentasse. O suficiente para desestimular a maioria das pessoas!

O Sr. D na verdade tinha boas intenções – queria manter meu amigo a salvo, impedir que se sentisse humilhado e decepcionado –, mas ao fazer isso ele o impedia de vivenciar muitas coisas novas maravilhosas. O Sr. D tomava conta de meu amigo desde a infância e não seria fácil dissuadi-lo de continuar fazendo o que sempre fez.

Junto com o Sr. D vivia o Sr. E (Encorajamento), mas com menos tarimba e poder. Ele geralmente era silenciado pelo Sr. D e

136 HOJE É O DIA QUE IRÁ MUDAR SUA VIDA

tinha cada vez mais medo de se manifestar. Ele adorou o fim de semana no workshop; saindo da obscuridade e se revelando em grandes proporções. Durante dois dias inteiros o Sr. D mal recebeu atenção, e não ficou nada feliz com isso. Ele ouviu o Sr. E encorajar meu amigo a fazer todo tipo de coisa diferente e ousada, e juntos criaram uma visão de futuro dos sonhos. O Sr. D tentou interferir, mas a cacofonia de vozes encorajadoras o abafaram por uma vez.

No entanto, ele esperou pacientemente e 48 horas depois da volta dos três, ele conseguiu se fazer ouvir novamente – só que agora ele estava com raiva (e com medo) e tinha o equivalente a todo um fim de semana de desencorajamento reprimido para desafogar! Não é para menos que de repente meu amigo tenha ficado tão deprimido.

No entanto, o Sr. D não é tão mau assim. No fundo, ele gostaria de mudar, mas está muito confortável em seu desconforto e com medo de que qualquer mudança possa na verdade ser para pior. Ele precisa de uma mão amiga e uma abordagem estável. Não ajuda nada dizer para ele que há um pote de ouro no final do arco-íris, mas não mostrar como pegá-lo. Ele precisa dar passos pequenos e colocar o pé na água para saber se é seguro. Ele pode mudar, mas precisa de ajuda.

Alega-se que apenas 5% a 10% de nossos pensamentos conscientes diários são novos – significando que a maioria deles é habitual. No exemplo acima, o Sr. D ocupa de 90% a 95% do espaço, portanto ele tem uma base de operações sólida. Mas ele *pode* mudar. Com força de vontade e atenção, todos nós podemos introduzir novos pensamentos em nossa mente e – mais importante – agir com base neles. Hábitos velhos podem ser quebrados, e novos, introduzidos.

Negativo para positivo

Uma vez que você está ciente de seu diálogo interno, pode trabalhar em maneiras de mudá-lo. Ouça as palavras que você usa quando as coisas não acontecem como planejado. Por exemplo, em vez de usar palavras emotivas fortes tais como "detestar" e "inútil" ("detesto escrever relatórios, sou inútil nisso"), você poderia usar palavras mais moderadas como "não gosto" e "não sou bom" ("não gosto de escrever relatórios, não sou bom nisso") – elas são mais brandas e têm menos probabilidade de deixá-lo deprimido. E se você se vir reclamando sobre algo, pare e veja o lado positivo – por exemplo, se acabaram de cancelar uma reunião com você na última hora, então, em vez de dizer "Não acredito, que perda de tempo, e agora não vou...", você poderia dizer "Então o que posso fazer com este tempo extra inesperado?".

Da próxima vez que se sentir estressado ou ansioso com algo, veja o que pode dizer a si próprio para mudar sua perspectiva. E preste atenção em declarações autolimitantes tais como "Não consigo lidar com isso", "Isso é impossível" ou "Não tenho a menor chance". Troque-as por perguntas: "Como posso lidar com isso?", "Como posso tornar isso possível?" ou "Qual é a melhor coisa que posso fazer nesta situação?".

COISAS PARA FAZER HOJE: Se você está com dificuldade de ouvir sua conversa interior, preste atenção no que diz alto sobre si mesmo (isso vai lhe dar pistas). Você pode inclusive pedir a alguém de confiança um amigo/colega/parceiro para lhe dizer quais mensagens negativas eles ouvem você mandar para si próprio repetidamente. A seguir estão alguns exemplos de conversa interior negativa:

"Nunca consigo lembrar-me do nome das pessoas".
"Sou tão estúpido".
"Sempre me perco".
"Estou sempre dizendo a coisa errada".
"Simplesmente não tenho sorte".
"As coisas sempre dão errado para mim".

Dê ouvidos

Existe outra voz interna que você pode ouvir: sua intuição. Se o diálogo interior vem de sua cabeça, então a intuição certamente dá a impressão de vir de suas entranhas e frequentemente é referida como "instinto". Intuição, sexto sentido, *insight*, pressentimento, instinto – não importa que nome você dê, isso é a habilidade que todos temos de simplesmente "saber" sobre uma situação, uma pessoa ou uma decisão. Uma espécie de saber sem saber por quê.

Muitos executivos, investidores e empreendedores admitem usar sua intuição – muitas vezes acima da lógica! Eles aprenderam a confiar em seu instinto e ir em frente com coisas que nem sempre parecem "concretas e sensatas", e, da mesma forma, eliminar coisas que podem trazer vantagens, mas não parecem corretas. Contanto que você aprenda a prestar atenção, a intuição pode ser um grande aliado.

A intuição pode ser um grande aliado

Quando foi a última vez que você teve um pressentimento ou uma sensação sobre algo? Você os seguiu ou ignorou? Alguma vez você já pensou em alguém imediatamente antes dessa pessoa lhe telefonar? Você nota coincidências importantes acontecendo em sua vida? Você pode sentir o astral de um ambiente? Você tem pensamentos momentâneos que parecem vir do nada?

Cada um de nós nasce com a capacidade da intuição, mas frequentemente perdemos parte dela ao longo da vida. Certamente a intuição não recebe muita atenção nas escolas, universidades ou no ambiente de trabalho. Mas você pode aprender a ouvi-la.

SIM OU NÃO?

Quero que você se faça algumas perguntas para as quais sabe absolutamente a resposta. O primeiro grupo são perguntas cuja resposta é indubitavelmente SIM. O segundo grupo são perguntas cuja resposta é indubitavelmente NÃO.

Respire fundo e relaxe antes de cada pergunta e mexa o corpo ou movimente-se entre uma pergunta e a próxima — para que os sentimentos que acompanham sua resposta não se misturem de maneira nenhuma com os sentimentos residuais da resposta anterior. Observe após cada pergunta como o SIM ou o NÃO se manifestaram em seu corpo. Fazendo isso, você aprenderá a prestar atenção em respostas que vêm de outro lugar que não sua mente. Esta pode estar mentindo e responder um "sim" para uma pergunta "não" e vice-versa. Ganhe familiaridade com suas respostas "sim" e "não", elas vão ajudá-lo a prestar atenção em sua intuição.

A seguir estão alguns exemplos (você pode criar seus próprios ou usar estes):

Perguntas SIM

O meu nome é ... (coloque seu nome aqui)?

Eu moro na ... (coloque seu endereço aqui)?

Eu amo ... (coloque o(s) nome(s) aqui óbvios)?

Perguntas NÃO

O meu nome é... (coloque o nome de outra pessoa aqui)?

Eu moro na Lua?

Eu amo... (coloque o nome mais impossível aqui)?

Você vai passar muito tempo com você mesmo pelo resto de sua vida, então se realmente quer mudar de vida, comece a prestar atenção no que fala para você mesmo todos os dias. Seja seu melhor amigo e fã. E nos dias em que não for a melhor das companhias, aprenda a sorrir e ir em frente.

10

HOJE É O DIA DE DEIXAR O PASSADO PARA TRÁS

HOJE É O DIA **DE DEIXAR O PASSADO PARA TRÁS**   143

Alguma vez você já fez *bungee jumping* em um precipício? Saltou de um avião a 1.400 metros de altura? Esquiou em uma geleira? E *rafting* já experimentou? Se já fez, então sabe que o apelo desses esportes radicais é que eles forçam você a focar exclusivamente no presente. Parte da excitação de arriscar seu pescoço "por diversão" é o estado de vivacidade que isso cria – uma sensação de atemporalidade, sem deixar espaço para preocupações com o passado ou o futuro.

A boa notícia é que você não precisa realizar manobras tão extremas para viver no presente; pode começar a fazer as pazes com seu passado hoje e pode mudar seu foco do passado para o presente agora! Fazer as pazes com o passado pode lhe trazer uma liberdade inimaginável, energia, saúde e felicidade. Quando você consegue desvencilhar sua energia e atenção do que já passou, pode se envolver totalmente com sua vida AGORA – e estar aberto para novas oportunidades e experiências.

> **Fazer as pazes com o passado pode lhe trazer uma liberdade inimaginável, energia, saúde e felicidade**

Vida passada

Algumas vezes, nossa preocupação com o passado não é óbvia, talvez não estejamos buscando ativamente relembrá-lo, mas nossas reações e sentimentos hoje podem ter raízes que remontam ao passado. Por exemplo, muitas pessoas vivem seu dia a dia com certo sentimento de medo – tenha isso a ver com relacionamentos, trabalho, saúde, dinheiro... ou medo de mudança. E a menos que o medo seja um fato concreto (por exemplo, você está *realmente* parado e um elefante está correndo em sua direção), trata-se de uma criação da mente; uma referência a algo do passado.

Você tem medo de namorar de novo porque seu último relacionamento acabou em muito sofrimento.

Você tem medo de buscar uma promoção porque não conseguiu da última vez.

Você tem medo de parar de trabalhar duro porque seus pais já passaram por dificuldade econômica.

Você tem medo de se casar porque seus pais se divorciaram.

Você tem medo de falar o que pensa porque da última vez foi duramente criticado.

O medo está sempre o lembrando de algo que aconteceu antes, advertindo-o para não cometer o mesmo erro, alertando-o quanto a desafiar o *status quo* e a arriscar a repetir uma dor do passado. Algumas pessoas veem isso como um suporte para a segurança (e sim pode ser útil se fizer você sair do caminho daquele elefante desvairado), mas é melhor visto como uma ameaça à felicidade. O medo deixa você preso, e se é mudança o que você quer, então está na hora de reconhecer o medo pelo que ele geralmente é: Fantasia Vivenciada Como Realidade.

Seu passado vai deixá-lo preso por quanto tempo você permitir – e provavelmente o tempo que se manterá preso a ele corresponde à quantidade de medo ou sofrimento a que você quer se prender.

Imagine que você deu uma martelada realmente forte no dedo – tão forte que cortou a pele, sangrou, luxou o osso e você quase desmaiou de dor. AI! Agora imagine-se fazendo isso repetidamente. Vamos lá, continue martelando esse dedo. Ai, ai, ai, AI!!! Isso não é uma loucura? Bom, é isso que fazemos com nossa mente sempre que decidimos relembrar momentos dolorosos – nós os imaginamos de novo, de novo e de novo... e a cada vez sentimos

Não há problema em reconhecer seu sofrimento
a mágoa e a dor. POR QUÊ? Você só acerta o dedo com o martelo uma vez, então por que ficar repetindo isso na mente? Não tem problema reconhecer sua dor, mas você não precisa ficar revivendo isso em detalhes.

COISAS PARA FAZER HOJE: Você não pode mudar coisas que já aconteceram em sua vida, mas pode decidir como as interpreta e reage a elas. Você sente que não recebeu apoio no passado quando precisou? Que tipo de apoio você gostaria de ter recebido? Dê isso a si próprio agora.

Prender-se ao passado pode ser viciante. Assim como muitos vícios, você pode não estar ciente de que o "tem". Pergunte-se quantas vezes você FAZ isso por dia. Quantas vezes você pensa sobre o passado? Você se depara pensando sobre o passado sem perceber que está fazendo isso? Quanto tempo depois que acorda você já está atrás de uma lembrança do passado? Você só precisa de mais umazinha antes de se deitar?

Assim como com qualquer vício, não resolve alguém dizer-lhe para largar, você precisa querer fazer isso por conta própria. Pergunte-se se pensar sobre o passado lhe dá ou tira força. Reviver o passado mantém você preso? Você consegue imaginar que efeito abandonar seu vício pelo passado teria em seus relacionamentos, seu trabalho, sua vida em geral? Você prefere dizer "sim" para a vida a dizer "sim... mas"? Você gostaria de passar uma borracha no passado? Quer mudar para melhor ou quer manter tudo do mesmo jeito?

Seguindo em frente

Certamente acontecem coisas na vida que causam dor e angústia e é importante que as emoções sejam sentidas e tratadas da maneira apropriada. Se você está preso a fortes sentimentos do passado, seja honesto sobre como se sente e procure ajuda e apoio. As emoções são nosso mensageiro pessoal e é importante darmos a elas a atenção que merecem se quisermos crescer e seguir em frente. Cuidado com o mau uso do pensamento positivo! Emoções profundas não podem simplesmente ser eliminadas ou afogadas por afirmações positivas e mantras. Existe um dito: "Aquilo a que você resiste

146   HOJE É O DIA QUE IRÁ MUDAR SUA VIDA

persiste" – e isso é certamente verdadeiro para pensamentos que são postos em estado de espera.

É claro que também podemos ser viciados em lembranças boas e felizes. E embora elas possam ser muito mais agradáveis de reviver, também podem impedi-lo de avançar na vida e abraçar a mudança. Se você foi abençoado com excepcional boa sorte no passado, cuidado para não usar isso como matriz para tudo no presente, descartando o resto como "não é bom o suficiente". Uma atitude como essa pode significar que você está desperdiçando um tipo diferente de boa sorte agora. Se todos os seus relacionamentos forem comparados com um passado cor de rosa, talvez você não consiga enxergar algo muito especial bem na frente dos olhos. E se você descarta novos rumos de trabalho porque não se igualam a uma "melhor" posição no passado, pode estar perdendo a estrada para uma verdadeira vocação.

DEIXANDO O PASSADO PARA TRÁS

Lisa teve uma infância conturbada, largou a faculdade, enfrentou problemas com a lei, passou por dois divórcios amargos e ficou morando seis meses em um albergue. "Sempre que eu tentava levar minha vida adiante, sentia o peso de meu passado nas costas e ficava com raiva das pessoas porque elas não entendiam o quanto meu passado tinha sido ruim para mim."

Depois de anos de terapia, ela já se sentia um pouco melhor e embarcou em um turbilhão de workshops, seminários, cursos e retiros espirituais para ajudá-la se livrar do passado. Leu inúmeros livros, escreveu diários, gritou, cantou, dançou e fez coisas realmente estranhas. Mas ele continuava lá – seu passado simplesmente não queria deixá-la.

Então, certo dia, sentada em um ponto de ônibus, ela puxou conversa com uma senhora idosa que estava carregada de sacolas de compras. Lisa fez o mesmo de sempre e contou toda sua vida para a ▶

senhora. Falou sobre como ninguém a entendia, que estava quebrada depois de gastar tanto dinheiro com cursos que não funcionaram e como ela desejava que sua vida tivesse sido diferente. A senhora ouvia e concordava acenando com a cabeça. Lisa a ajudou a subir no ônibus e continuou falando. A senhora se levantou para saltar em seu ponto, virou-se para Lisa e disse: "Minha querida, você está gastando seus desejos no passado, você não pode mudar o passado e precisa aceitar isso. Use seus desejos para o futuro; ainda existe uma grande chance de você mudá-lo". E com isso saltou do ônibus, sem as compras. Lisa conseguiu chegar rapidamente ao motorista e fazê-lo parar o ônibus para tentar alcançar a mulher na rua e dizer que ela havia esquecido as sacolas, mas não a viu mais.

"Aquele dia mudou minha vida mais do que qualquer outro", Lisa explicou. "Tentei tantas coisas para mudar ou esquecer meu passado, e bastou uma senhora em um ônibus para eu acordar. Só foi preciso alguém me mostrar que eu não poderia mudar meu passado, mas poderia mudar o futuro. Foi como uma luz acendendo em minha cabeça. Voltei algumas vezes ao ponto de ônibus na esperança de encontrá-la de novo e agradecer, mas ela nunca estava lá. Às vezes, acho que ela não era real – talvez fosse um anjo ou algo parecido. No entanto, foi a realidade dela que me fez ouvir. Também foi estranho como ela deixou para trás as compras, pareceu algo simbólico."

O passado passou. Você não dirigiria concentrando a maior parte ou toda sua atenção no espelho retrovisor (ao menos não por muito tempo!), então por que faz isso na vida? Não é possível mudar o passado, e aceitar isso é um dos maiores presentes que você pode se dar. Todos nós temos uma história. E muitas vezes gostaríamos de reescrever nosso *script* e ter como lembrança apenas momentos perfeitos, mas não podemos. Talvez você sinta algum arrependimento, culpa, ou gostaria de ter tratado alguém de modo diferente, ou de passar uma borracha no passado, mas não pode. O que pode fazer é aprender com o passado e mudar as coisas agora, para o futuro. Simplificando: você tem uma escolha.

Crianças de origem pobre ficam ricas e crianças de origem rica ficam pobres. Crianças de lares desestruturados criam famílias felizes e crianças de famílias felizes criam lares desestruturados. O futuro não depende totalmente de onde você vem; depende do que você pensa sobre onde veio e do que faz com isso no presente. Lembre-se de que seus pensamentos são apenas isto: seus pensamentos – você pode escolhê-los. Torne sua meta aprender com seu passado, em vez de mergulhar nele e permitir que ofusque seu presente.

COISAS PARA FAZER HOJE: O que está impedindo você de fazer mudanças positivas? Talvez seja algo com que está tão acostumado que você não esteja reconhecendo à primeira vista. Tente preencher os espaços em branco abaixo para se ajudar: "Estou com medo de... porque no passado..." Ao se conscientizar de que o sentimento de medo que você está experimentando no presente é criado por seu pensamento, em vez de sua realidade, você pode se permitir escolher um pensamento mais positivo e estimulante. Para algumas pessoas, este será um verdadeiro momento de surpresa, para outras será necessário tempo e prática, e pequenos passos para fazerem uma mudança.

Concentre-se nas coisas boas

Você já notou como as coisas parecem diferentes dependendo de seu humor? Como você pode se sentir diferente sobre alguém ou alguma coisa (passada ou presente) depois de um dia "bom" ou "ruim" no trabalho? Passado, presente e futuro estão constantemente se reescrevendo em nossa cabeça, dependendo daquilo em que estamos focando. Se estou lembrando coisas do passado como vítima, então repentinamente meu presente e meu futuro parecem cheios de inimigos e problemas e então sinto medo. Se estou me sentindo deprimido hoje, meu passado de repente se torna uma série de eventos infelizes e meu futuro parece desolador. Quando a vida vai bem, meu passado se torna uma jornada maravilhosa que me trouxe até aqui e meu futuro parece uma aventura. Tudo depende de onde está meu foco.

PERMANEÇA ATENTO AO FOCO!

Aprenda a estar alerta quando sua mente vagar pela estrada das lembranças ou pelos campos do futuro. Os pensamentos que você está tendo são úteis e estimulantes? Eles fazem você se sentir bem? Se sim, então se deixe ficar lá por um tempo e depois traga esses pensamentos positivos para o presente. Se seus pensamentos forem negativos e desestimulantes pergunte-se: O que posso aprender com eles? Como esta linha de pensamento está me beneficiando? Aprenda a lição e volte para o aqui e agora. Reconheça como seus pensamentos sobre o passado e o futuro estão afetando seu presente. Encontre uma palavra-chave, uma imagem engraçada ou um som que pode usar para se chamar de volta e repita isso para si mesmo toda vez que sua mente vagar para fora do presente. Escolha algo que o faça rir para que volte com um sorriso.

A importância do perdão

Fazer as pazes com seu passado pode requerer que você pratique um pouco de perdão. Mas quem precisa ser perdoado? Muitas pessoas sentem dificuldade com a ideia de perdão, reconhecer que de certa forma ela significa que estão aceitando o que aconteceu, mas este não é de forma alguma o caso. Não importa se alguém fez

Perdoar é dar a si mesmo permissão para seguir em frente com sua vida

150 HOJE É O DIA QUE IRÁ MUDAR SUA VIDA

algo errado com você, ou se isso tem a ver com uma decisão da qual se arrepende, o perdão é algo que *você faz por si mesmo*, não pelos outros. Quando perdoa algo, isso não significa que aceita o que aconteceu, significa que está se dando permissão para levar sua vida adiante.

O perdão é primariamente para VOCÊ. Sim, é maravilhoso para "o outro" nos casos em que você consegue se voltar e dizer "Eu te perdoo", mas mesmo isso não significa que elas perdoem a si próprias! A única pessoa que você pode ajudar garantidamente perdoando é você.

Deveria haver uma advertência de saúde pública: NÃO PERDOAR PODE PREJUDICAR SERIAMENTE SUA SAÚDE.

Saúde física – prender-se a preocupações, raiva e ressentimento faz mal para sua saúde física.

Saúde emocional – prender-se a preocupações, raiva e ressentimento faz mal para sua saúde emocional (o que por sua vez faz mal à saúde física).

Saúde mental – prender-se a preocupações, raiva e ressentimento faz mal para sua saúde mental (o que por sua vez faz mal à saúde física e emocional).

Saúde dos relacionamentos – prender-se a preocupações, raiva e ressentimento tem um impacto negativo em todos os seus relacionamentos.

REVIVENDO O SOFRIMENTO

A esposa de Mark o largou depois de cinco anos por outro homem. Todas as manhãs ele acordava com raiva e ressentido. Todos os dias ele a via em sua mente lembrando-se de como ela o traiu e fervia por dentro. Deitado à noite, ele ficava imaginando ela feliz com outro

▶

homem e sua raiva o mantinha acordado. Ele tornou-se rude com os colegas no trabalho (especialmente as mulheres) e brigou com seus pais depois que eles sugeriram que ele deveria "seguir em frente".

A ideia de perdoá-la parecia impossível para ele. Como poderia? Ela mentiu e o traiu. Ela o iludiu e o usou. Ele achava que perdoá-la seria como dizer que não tinha problema alguém ser desonesto e infiel. Ele achava que perdoá-la seria como dizer que não tinha problema ela lhe causar tanto sofrimento.

Perguntei a Mark quem estava sofrendo mais. Ele ou sua ex? Ele deixou dúvida de que era ele! Perguntei então quem estava lhe causando este sofrimento diário? Ela é claro! Desafiei Mark no seguinte: sua esposa o tinha abandonado há um ano e certamente ele sofreu muito, mas será que ela era realmente a responsável pelo sofrimento contínuo que ele vinha sentindo todos os dias?

Depois de algum tempo, Mark começou a perceber que repassar continuamente as coisas em sua mente (muitas delas imaginadas!) era o que de fato estava lhe fazendo mal. Quando chegou a esta conclusão, ele usou uma frase que se tornaria sua salvação: "Eu gostaria de poder me livrar desses pensamentos". No minuto em que disse isso, seu semblante se desanuviou e pela primeira vez em um espaço de meia hora ele se recostou na cadeira e respirou fundo.

Para Mark, a ideia de "esquecer" era mais fácil do que a ideia de "perdoar", mas o resultado foi o mesmo. Juntos criamos alguns filmes mentais mágicos (pensamentos estimulantes que criaram uma sensação de calma, paz e felicidade) para ele usar toda vez que se visse vivendo no passado de uma maneira negativa. Ele se deu permissão para seguir em frente com sua vida.

Se você está enfrentando dificuldade para perdoar alguém, talvez mudar sua forma de pensar sobre esta pessoa pode ajudar. Às vezes, enxergar as coisas sobre outro ponto de vista pode nos ajudar a mudar alguns sentimentos enraizados – incluindo nos colocar no lugar dos outros. E o quanto diferente você se sentiria se soubesse que:

Eles assumiram um trabalho/papel/posição para o qual não estavam preparados.

Eles não receberam qualquer tipo de ajuda.

Eles têm pouco ou nenhum amor próprio.

Eles estavam dando o melhor de si porque não tinham experiência de como fazer melhor.

Eles estavam carregando as feridas de seus próprios passados.

Eles se sentiam infelizes/confusos/inexperientes/com medo/inseguros/machucados.

Lembre-se, perdoar não significa dizer que está tudo bem ou puxar o saco; perdoar significa se libertar. Ao reviver constantemente a dor do que aconteceu, você está transferindo sua força para a pessoa que lhe causou mal. Recupere sua força e siga em frente. Você não pode mudar seu passado, mas pode mudar seus pensamentos sobre ele.

11
HOJE É O DIA DE DESCOBRIR AS CHAVES PARA O SUCESSO

Tudo bem, agora você já sabe o que não quer e sabe o que quer, então o que está refreando você? A cada ano, uma grande parte da população toma decisões (ou faz promessas) de Ano Novo – e a cada ano "uma grande porcentagem" da população as quebra. Milhares de pessoas escrevem listas de metas, mas poucas de fato as alcançam. Milhares começam dietas... e bem você já entendeu. Então agora antes que você feche o livro em um estado de desespero e perca todas as esperanças de mudar, PARE! Vou mostrar para você os segredos dos bem-sucedidos – segredos que você pode pôr em prática imediatamente.

Se você quer fazer uma mudança, então a primeira chave para o sucesso é saber quem é o responsável por sua vida; saber quem está no banco do motorista, quem faz todas as escolhas e toma as decisões, quem às vezes atrapalha e outras vezes o incentiva? Quando souber quem é responsável por isso, pode recorrer a essa pessoa para lhe ajudar. Essa pessoa é a chave para qualquer mudança que você queira fazer, seja pequena ou grande – você não pode mudar sem ela.

Chave número 1 para o sucesso: Você

Esta é sua vida, e a forma como ela se desenrola (com sucesso ou não) em última análise depende de você, não dos "outros". "O quê!?", ouço você exclamar. "É claro que depende dele/dela/deles... se ele/ela/eles ao menos fizessem/fossem... estão me impedindo de... é culpa dele/dela/deles... é o sistema/o governo/a mídia/são as autoridades/meu chefe..."

Sei que isso pode ser uma verdade dura de aceitar, mas só existe uma pessoa que você pode mudar, e ela é VOCÊ. Se as afirmações de culpa acima são válidas para você, então provavelmente já está exausto de tentar mudar "os outros" e ficar cada vez mais exasperado no processo. Entretanto, existe um tipo de mágica que acontece quando você começa a mudar a si próprio, o mundo ao seu redor de repente fica diferente também. Lembre-se, não vemos o mundo pelo que ele é, vemos o mundo pelo que sentimos (se você se sente infeliz, então o mundo parece desolador; se você está no topo do mundo, então ele lhe parece cor-de-rosa).

COISAS PARA FAZER HOJE: Aceite a responsabilidade por sua vida. Passe alguns momentos refletindo sobre onde você se encontra na vida agora e reconheça como tudo está "como está" devido a suas escolhas/decisões/ações. Selecione uma coisa em sua mente com o que não se sente feliz e aceite sua participação na criação disso. Isso pode parecer um pouco difícil se você acha que circunstâncias/pessoas/trabalho moldaram sua vida de uma certa forma, mas se conseguir de fato aceitar que *você* escolheu permanecer nesta/neste circunstância/relacionamento/trabalho, então começará a recuperar seu poder. Quando você aceita a responsabilidade por sua vida como ela está agora, então aceita a possibilidade de mudança.

Chave número 2 para o sucesso: Os outros!

Assumir a responsabilidade por sua vida não significa fazer tudo sozinho. A espécie humana não foi feita para viver no isolamento. Fora alguns poucos que talvez busquem isolamento por alguma meta altamente espiritual, a maioria de nós busca companhia e apoio. Pessoas muito bem-sucedidas em todas as áreas da vida podem aparecer sozinhas no pódio, mas você pode ter certeza de que todas elas têm uma rede de suporte ou equipe incrível por trás delas. No entanto, ao procurar su-

Grandes empreendedores têm uma rede de apoio incrível por trás deles

porte, seja seletivo e busque variedade. Por exemplo, mães são ótimas para animar seus filhos e dizer como são bons no que fazem, mas às vezes lhes falta habilidade de deixar o vínculo afetivo de lado e lhe dar um *feedback* honesto.

Busque apoio para ajudá-lo a enfrentar a mudança, especialmente se for grande. Grandes mudanças na vida podem ser opressivas se enfrentadas sozinho e um pouco do suporte certo pode transformar uma mudança aparentemente difícil em algo relativamente fácil. Se você está acostumado a fazer tudo sozinho, então pedir e aceitar ajuda dos outros pode ser difícil a princípio, mas quando se acostumar a isso, ficará imaginando por que esperou tanto tempo!

CRIE SEUS PRÓPRIOS CAMPEÕES PARA O TIME DA MUDANÇA

Comece fazendo uma lista das qualidades que você requer dos outros que vão lhe dar apoio durante seu processo de mudança. Alguns exemplos podem ser:

Quero pessoas que sejam:

Encorajadoras

Inspiradoras

Desafiadoras

Honestas

Discretas e confiáveis

Atenciosas

Agora passe algum tempo pensando sobre quem faz parte de sua vida e combine essas pessoas com as qualidades da lista. Por exemplo:

Encorajadora – minha mãe

Inspiradora – Jane das vendas

158 HOJE É O DIA QUE **IRÁ MUDAR SUA VIDA**

Desafiadora – o(a) parceiro(a)

Honesta – meu irmão

Discreta e confiável – meu melhor amigo

Atenciosa – tia Susan

Se você não consegue encontrar as pessoas que têm essas qualidades, então precisa ser um pouco mais "criativo". Existe alguém que você não cogitou porque tem medo de pedir? Alguém com quem perdeu o contato, mas gostaria de retomar? Que tal contratar um consultor ou um conselheiro? Você consegue pensar em alguém no mundo que seja excepcional nessas qualidades e imaginar quais conselhos ou suporte lhe daria?

Não importa como, construa sua equipe cuidadosamente e use-a com sabedoria. Compartilhe suas esperanças e sonhos, dessa forma a probabilidade de colocar as coisas em prática será maior. Esteja preparado também para retribuir; fazer parte da equipe de outra pessoa e reconhecer a importância deste papel. Isso pode mudar a vida!

Chave número 3 para o sucesso: Saiba que nervosismo é normal

Quanto mais reativa e imaginativa for sua mente, maior será a probabilidade de você se sentir nervoso e com medo. Todo mundo fica nervoso – até as pessoas mais bem-sucedidas do planeta –, mas nem todo mundo deixa o nervosismo levar a melhor. Vale reconhecer que a excitação e o medo criam muitos dos mesmos sentimentos internos; os pensamentos que os acompanham é que fazem a diferença. Fazer *bungee jumping* e saltar de um precipício provavelmente criaria a mesma sensação física, mas sua experiência com eles seria bem diferente! Se você está pensando em fazer uma mudança importante em sua vida, provavelmente vai experimentar algum nervosismo –

até mesmo medo (ou excitação!). Considere isso como um sinal de que está saindo da zona de conforto por um tempo e fazendo uma mudança que realmente vale a pena – não vai demorar muito. Existe um belo ditado: "O medo mora na sala de espera"... quanto mais tempo você ficar lá, mais tempo vai senti-lo.

Ficar nervoso é normal. Permitir que sua mente entre no modo acelerado imaginando os piores cenários e resultados possíveis, os maiores desastres e desgraças potenciais, não é muito útil! Trate seu nervosismo como um amigo, alguém que está preocupado com sua segurança, sanidade e bem-estar. Este amigo quer protegê-lo, então se ele tem um bom conselho para lhe dar, aceite, mas lide apenas com a realidade do que ele está lhe alertando – não caia nos contos de ruína e trevas. Os nervos têm seu papel em nos ajudar a estarmos preparados para as coisas, mas reconheça a diferença entre o que é real e o que é induzido por sua imaginação. Faça amizade com seus nervos. Agradeça a eles por quererem protegê-lo. Então examine outros recursos que têm dentro de si para ajudá-lo com tudo que queira fazer.

COISAS PARA FAZER HOJE: Pense sobre algo que gostaria de fazer, mas se sente nervoso sobre isso; algo que já irrita seus nervos só de pensar. Pode ser uma meta verdadeira ou um sonho louco (é claro, sonhos loucos também podem ser metas REAIS!), já está sentindo um nervosismo familiar? Respire fundo, relaxe e agradeça à parte de você que criou essa sensação, agradeça a ela por querer protegê-lo, mas diga a ela que você tem outras partes suas com mais recursos que podem assumir de agora em diante. Agora permita que uma imagem de você fazendo "o que quer que seja" com sucesso surja na tela de sua mente. Veja-se fazendo isso com perfeição, sinta a emoção do sucesso, ouça a aprovação dos outros – torne a imagem a mais colorida, grande e real possível. Entre neste "você bem-sucedido" e sinta o brilho da conquista.

Chave número 4 para o sucesso: Se eles não têm sucesso da primeira vez, tentam de novo e de novo

Quando você era bebê provavelmente tentou engatinhar várias vezes até que finalmente conseguiu. E um pouco mais tarde, aprender a andar provavelmente ocupou grande parte de seu dia e muito desse tempo caindo. Mas conseguiu! Você aprendeu a andar, não desistiu, não pensou "droga, caí de novo, não sou bom nisso, nunca vou conseguir andar". Qual é a diferença hoje? A diferença está na forma de pensar. Como adulto, podemos ficar preocupados com o que os outros talvez pensem e criamos cenários incrivelmente complexos em nossas mentes – complexos o bastante para amedrontar até mesmo as almas mais duras de tentar de novo. As pessoas que fazem mudanças bem-sucedidas na vida têm a coragem de serem imperfeitas, você ousa?

Traga de volta parte daquela curiosidade das crianças de experimentar as coisas e de querer aprender e rir ao longo do processo. Saiba que todas as pessoas com cuja opinião você está preocupado têm milhares de outras coisas na vida para fazer e provavelmente dão muito menos atenção do que você imagina ao que em sua percepção são fracassos. Na verdade, a maioria das pessoas admira aqueles que persistem em seu caminho a despeito das adversidades e aqueles que não têm os problemas deles – a negatividade deles não tem nada a ver com você. Se você esperar para fazer algo até que esteja perfeito nisso, nunca vai começar. Como você espera estar perfeito enquanto não começa a praticar? Delongar a perfeição é como estar no pântano, deixa você preso.

> **Pessoas que fazem mudanças bem-sucedidas em suas vidas têm a coragem de ser imperfeitas**

Chave número 5 para o sucesso: Comprometimento

Então você quer perder peso/mudar de emprego/melhorar um relacionamento/entrar em forma/ajeitar suas finanças... Seja lá o que você queira mudar, nada vai acontecer a menos que esteja realmente comprometido. E se não estiver totalmente comprometido, então talvez a) esteja permitindo que o medo comande o espetáculo ou b) não queira mesmo essa mudança ou existe algo que você quer mais do que "isso" neste exato momento.

Por exemplo, muitas pessoas querem perder peso, mas seu desejo de comer alimentos reconfortantes vence. Várias pessoas falam sobre mudar de emprego, mas seu desejo de permanecerem seguras as mantêm onde estão. O objetivo de longo prazo de se tornar mais próspero financeiramente pode estar sendo constantemente impedido pelo desejo de curto prazo de esbanjar para uma gratificação imediata.

Verifique se você está dizendo uma coisa e fazendo outra. Qual é sua motivação? O que você realmente quer? Examine as mudanças que você diz que realmente quer e atribua-se uma nota de 1 a 10, onde 1 corresponde a "Não estou totalmente comprometido" e 10 corresponde a "Estou totalmente comprometido". Se sua nota for menor que 10, então você precisa fazer as seguintes perguntas para si próprio:

Eu realmente quero isso?

De que tenho medo?

Como estou me impedindo?

O que está atrapalhando?

O que preciso fazer para mudar minha nota um ponto para cima... depois mais um... e mais um?

162 HOJE É O DIA QUE IRÁ MUDAR SUA VIDA

Como posso satisfazer minha necessidade por conforto/segurança/gratificação no curto prazo de maneira que isso me estimule em vez de me desestimular?

Do que preciso primeiro antes de alcançar minha meta?

Debbie Ford, em seu livro *The Right Questions*[1], "As Perguntas Certas" em tradução literal, usa um exercício excelente para descobrir o que ela chama de nossos "compromissos subjacentes". Para descobrir seus compromissos subjacentes, escreva uma meta ou um desejo que você não tem conseguido realizar. Depois, faça uma lista de todas as ações que empreendeu ou não empreendeu no ano passado que estão em oposição direta a esta meta. Agora, feita a lista, imagine que as escolhas que fez que o afastaram da meta desejada ou que não o aproximaram dela são uma expressão de um comprometimento mais profundo, seu primeiro compromisso. A seguir, feche os olhos e pergunte-se: "Com qual compromisso essas escolhas estão diretamente alinhadas?" Assim você vai descobrir seu compromisso subjacente.

Chave número 6 para o sucesso: Foco

Isso já foi dito várias vezes – seja por mim ou por outros –, obtemos aquilo em que focamos. Pessoas bem-sucedidas sabem disso e usam em seu favor. Isso não significa que elas sejam perfeitas e que sempre focam no positivo, mas significa que estão cientes o bastante para reconhecer suas mudanças de humor e de foco e são adeptas a seu realinhamento.

---

[1] Ford, D. *The Right Questions: The Essential Questions to Guide You to an Extraordinary Life*, Hodder Mobius, Hodde & Stoughton, 2003.

E há também os extremistas do foco no futuro. Estão sempre almejando o grande sucesso do resultado final. Estão tão focados em sua meta futura que poderiam tropeçar em um pote de ouro e não perceber. É ótimo ter metas, mas também é ótimo saber como se trazer de volta para o aqui e agora. Tenha prazer em viver o presente e provavelmente conseguirá o que quer no futuro também.

 COISAS PARA FAZER HOJE: Se você acha que não está fazendo as mudanças que deseja na vida, provavelmente é porque está perdendo tempo focando em outras coisas. Pergunte-se: "Quais são as três coisas mais importantes que eu poderia fazer hoje que me ajudarão a realizar as mudanças que desejo?" (Todo o resto pode esperar ou girar em torno delas.)

Chave número 7 para o sucesso: Coragem

Pergunte-se o que causa mais medo: ficar como está hoje ou mudar? Agora se imagine daqui a 10 anos tendo feito a mudança com sucesso e pergunte ao seu "eu futuro" como seria se não tivesse feito nada diferente. Isso parece mais amedrontador do que se mostrou fazer a mudança?

As pessoas que fazem mudanças bem-sucedidas (mesmo que sejam necessárias muitas tentativas) fizeram seu cálculo mental. Elas avaliaram os custos de não mudar e compararam ao custo-benefício de mudar. O custo de não fazer a mudança era muito alto.

Coragem não tem a ver com ausência de medo

Coragem não tem a ver com ausência de medo, tem a ver com confrontá-lo e ir em frente a despeito dele.

COISAS PARA FAZER HOJE: Imagine dois vocês: o você de hoje e o você do futuro. Agora imagine cada um desses "vocês" de um lado de uma barreira que representa uma mudança em sua vida (pense sobre uma grande mudança que você quer fazer e crie em sua mente uma barreira que a represente). O você de hoje tem a barreira pela frente e o você do futuro tem a barreira atrás de si – tendo feito a mudança com sucesso e seguido em frente. Agora quero que ambos enfrentem a barreira. O você de hoje gostaria de encontrar coragem para passar para o outro lado da barreira? E quanto ao futuro você, gostaria de passar a barreira de volta para o passado? E se ambos fossem convidados a trocar de lado, quem se agarraria mais ao que tem?

Chave número 8 para o sucesso: Comece de onde está

Se você sonha em correr uma maratona, mas até o momento nem sequer caminhou, então seria inútil ficar extremamente entusiasmado, comprar o modelo *top* de linha de tênis de corrida e inscrever-se na prova duas semanas antes do evento. Algumas coisas requerem prática e treinamento. E é importante começar do ponto onde está. Um não-corredor definindo uma meta muito ambiciosa tem grandes chances de dar para trás ou de se machucar.

Sonhos podem se tornar realidade, mas geralmente é preciso realismo para alcançá-los. Você precisa fazer algo e, se esse algo está totalmente fora de alcance, você está arriscando a se desencorajar e abandonar o sonho. Comece pelo começo e dê passos pequenos e regulares. Assim como para o aspirante a maratonista, os primeiros podem ser um pouco difíceis, mas depois de um tempo a empreitada ficará mais fácil e você se deparará correndo em direção à reta final.

PASSO A PASSO

Pense sobre algo que gostaria de alcançar e escreva no topo de uma folha de papel: "este é o futuro". Agora vá para a parte de baixo da folha e escreva "hoje". Em cima da palavra "hoje" escreva uma coisa que você poderia fazer imediatamente como um passo em direção ao futuro. Então acima deste primeiro passo, escreva o próximo passo, e depois o seguinte e assim por diante – até chegar ao topo da página. Veja como, começando por onde está, você pode chegar aonde quer estar; trace um caminho e siga seu plano.

12
HOJE É O PRIMEIRO DIA DE TODA UMA NOVA VIDA

HOJE É O PRIMEIRO DIA DE TODA UMA NOVA VIDA 169

Você já sabe o que quer e o que não quer. Já definiu metas e deu passos para alcançá-las. Entende melhor o poder de sua mente e de seu diálogo interior. Você deu a largada e agora sabe como vencer os obstáculos ao longo do caminho. Transformou cada dia em um dia para mudar sua vida.

Você decide

Hoje é outro novo começo – e depende de você o que vai fazer com ele. Quaisquer que sejam as circunstâncias, o que quer que esteja acontecendo ao seu redor, você pode decidir: o que fazer e o que não fazer; como reagir ou não; sobre o que pensar, imaginar e dizer para si mesmo; sobre como se sente e como vai tratar a si. Esta é sua vida!

Essa é sua vida!

Se você se pegar reagindo com afirmações sobre "os outros":

"Mas meu chefe..."

"Mas meu parceiro..."

"Mas meus filhos..."

(Se eu lhe oferecesse um bilhete de primeira classe para o paraíso você continuaria dizendo "Sim, mas..."?)

PARE!

Reconheça o que está fazendo. Você está pensando sobre algo que já passou e imaginando como outra pessoa está pensando e se sentindo com base no passado (qualquer momento desde o último minuto até o ano passado ou além). Esqueça isso e siga em frente. Hoje é um novo dia. Faça a única mudança possível em relação aos "outros": *mude como você é com eles* – AGORA. O passado existe apenas em seu pensamento e apenas pelo tempo que você decidir se prender a ele. Liberte-se hoje. No trabalho ou em casa, você não precisa ser como os outros esperam que você seja, não precisa "estar à altura" das expectativas das pessoas. Se você está com um problema com um colega/amigo/familiar, assuma o controle e a liderança de fazer a mudança. Você é seu próprio mestre da mudança.

COISAS PARA FAZER HOJE: Que qualidade você pode ressaltar para ajudá-lo hoje? É um novo dia e você tem de escolher: empatia, coragem, humor, criatividade, independência, sinceridade, entusiasmo, confiança, flexibilidade, liderança, sensibilidade, compreensão, determinação... Escolha uma e use! Se você escolhe uma com a qual não está familiarizado aja, como "se" a tivesse e veja o que acontece.

Imagine que você tem um par de óculos mágicos – sempre que os coloca pode ver claramente o que existe por trás do comportamento das outras pessoas. O quão diferente você seria se entendesse que o que qualquer outra pessoa diz ou faz não tem nada de pessoal contra você? O homem que esbarrou em você na rua está batalhando contra um vício. A mulher que roubou sua vaga no estacionamento está passando por um divórcio. O cara que furou a fila está com o filho no hospital. O homem que deixou a porta fechar na sua cara acabou de saber que foi demitido. O colega no trabalho intransigente se sente só e com medo. A criança que foi mal-educada na loja não se sente amada.

COISAS PARA FAZER HOJE: Imagine que está usando seus óculos mágicos e sabe que todo mundo tem seus problemas. Não leve nada para o lado pessoal e permaneça tolerante e gentil – todos se beneficiarão.

Siga o fluxo

Conforme você começa o caminho da transformação (seja ela pequena ou grande), esteja atento ao perigo de esperar que tudo ocorra de uma determinada forma para que você sinta que está tendo sucesso. Aceite que a vida flui, reflui e muda ao seu redor. Se hoje não for o melhor dos dias, você consegue desconsiderar seus julgamentos sobre isso e aceitar as coisas como estão? Ir contra e resistir ao "que é" não faz nada além de cansá-lo. Imagine-se nadando um rio abaixo até o mar – você pode se deparar com redemoinhos, turbulências, cachoeiras, corredeiras entre rochas... e, com certeza, com algumas piscinas lindas. Se você lutar contra a corrente ou tentar voltar rio acima, ficará exausto e provavelmente machucado. Deixe-se levar, siga o fluxo e aproveite a viagem.

COISAS PARA FAZER HOJE: O que seria preciso acontecer para que você simplesmente aceite as coisas como estão neste momento, sem ilusões ou negação? Fico pensando, você poderia mudar algo simplesmente aceitando isso e sentir-se bem... por ora. Respire fundo e aceite o que quer que esteja acontecendo. Esteja certo de que nada permanece igual para sempre.

Viva no presente

Valorize o presente – o "agora" – porque na verdade é tudo o que de fato existe. O passado é uma lembrança de outro "agora" e o futuro é um "agora" imaginado. Se você conseguisse olhar para trás e vir este dia, como gostaria de tê-lo vivido? Como gostaria que a lembrança dele fosse? Pare e preste atenção. Se pensamentos imaginados para o futuro estão perturbando você, pergunte-se "o que posso fazer sobre isso agora?". Faça, dê um pequeno passo, e depois volte para o hoje.

COISAS PARA FAZER HOJE: Que pensamentos você precisa abandonar para estar totalmente no presente agora? Identifique-os, e se for necessário fazer algo sobre eles, faça ou comprometa-se a fazer quando for o momento certo. Então se esqueça deles e esteja aqui agora.

Crie um novo "você"

Você pode ser ou fazer o que desejar. (Tudo bem, se você quer ser uma lutadora de sumô e sua constituição física é pequena, então se faz necessário um pouco de realismo aqui – mas você poderia experimentar luta livre na lama em vez disso?) Muitas pessoas acham o conceito de "se encontrar" confuso, pense em "se inventar" em vez disso. Se déssemos um pedaço de massa de modelar para 20 pessoas e pedíssemos que fizessem algo com isso, provavelmente cada uma delas moldaria algo diferente. Algumas talvez copiassem outras, mas os resultados continuariam sendo únicos. E então todos poderiam usar a mesma massa para moldar algo diferente, e depois ainda outra coisa diferente. A vida pode ser assim se você quiser. O que você fará dela?

Invente-se. Quem você gostaria de ser? Tente.

Aproveite a viagem

Como você é em suas viagens? Você corre de um aeroporto para outro preocupado com horários e conexões? Você enfia sua cabeça em um livro ou em algum trabalho para se isolar das atividades ao seu redor? Tudo o que você mais gostaria é que já tivesse acabado e que já estivesse "lá"? Para você, seria preferível ter ficado em casa? Em viagens longas de carro, você fica tenso e ansioso sobre possíveis problemas na estrada? Você entra e sai de posto em posto de gasolina reclamando do preço do combustível e do serviço? No trem, você coloca o fone de ouvido e evita contato visual? Você se lembra do que aconteceu da última vez que o trem atrasou?

COISAS PARA FAZER HOJE: Imagine que você esteja em uma viagem (e está!) e que no lugar para onde está indo tudo estará perfeito. Seguro por saber disso, relaxe e aproveite o momento.

A vida é uma viagem. E hoje é seu ponto de partida – seu "único" ponto!

A vida é uma viagem. E hoje é seu ponto de partida – seu "único" ponto! Como você vai passar este dia? Sugiro que desfrute, divirta--se, preste atenção nos detalhes, tire o maior proveito dele e pare de desejar que já tivesse acabado. Os exercícios propostos ao longo deste livro destinam-se a ajudá-lo a tirar o maior proveito de VOCÊ e embora alguns deles envolvam o uso da imaginação, seu principal objetivo é sempre permitir que você se sinta melhor aqui e agora. Um dia seu futuro imaginado será seu agora, mas não desperdice o hoje. Use o exercício a seguir sempre que sentir que está sem energia e que sua cabeça está confusa. Use-o para trazê-lo de volta para o presente.

RECUPERE SUA ENERGIA

Com a prática, você vai conseguir fazer isso em um minuto, em qualquer lugar, a qualquer hora. Mas na primeira vez, sugiro que você se sente em um lugar tranquilo e confortável e relaxe fisicamente. Respire fundo lentamente algumas vezes. Feche os olhos. Examine mentalmente todo seu corpo, relaxando cada parte conforme faz isso. A cada expiração libere mais a tensão.

▶

Agora quero que você dirija sua atenção para o interior de seu corpo, quero que sinta o campo energético que atravessa cada célula de seu ser, sinta a vivacidade, a energia, a força. Conforme faz isso, preste atenção se há "vazamento de energia" para outros lugares por causa de seus pensamentos e de suas preocupações (talvez haja uma corrente de energia sendo drenada para seu parceiro, filhos, um vizinho, um parente, colega do trabalho...). Recupere esta energia até que ela esteja 100% de volta com você. Continue fazendo isso até que seu corpo esteja completamente energizado de novo. Com o tanque cheio de energia, você estará muito mais forte e capaz de criar a vida que deseja.

Você aprendeu algumas maneiras poderosas de mudar sua vida por meio de seus pensamentos e de suas ações. Você leu este livro porque queria mudar algo em sua vida, e por meio de seus pensamentos e de suas ações, desencadeou uma reação de transformação. Parabéns, você investiu em si mesmo e deu o primeiro passo. Desejo a você o melhor para cada passo que der ao longo do caminho. Lembre-se sempre: hoje é o primeiro dia do resto de sua vida.

APÊNDICE: HOJE É O DIA DE GARANTIR QUE VOCÊ ESTÁ PRONTO PARA A MUDANÇA

APÊNDICE: HOJE É O DIA DE GARANTIR QUE VOCÊ ESTÁ... 177

Você está pronto para mudança? Você gostaria de recuperar seu prazer pela vida? Você está se dando atenção suficiente e sentindo que merece as mudanças que deseja? A maneira como cuida de si próprio são os pilares sobre os quais você constrói sua vida, portanto, se quer fazer mudanças em qualquer aspecto da vida, você se beneficiaria se tivesse certeza de que esses pilares são os mais sólidos e seguros possíveis. É possível construir sobre pilares bambas, mas mais cedo ou mais tarde algo pode ruir.

É possível que as mudanças que você deseja estejam em grande parte baseadas em como você cuida de si – no quanto está em forma e saudável (ou não), se tem uma dieta nutritiva e se descansa à noite. Mas mesmo que não sejam e seu foco esteja quase totalmente no trabalho, relacionamentos, finanças, vida social e ambiente familiar, garanto que cuidar de si vai lhe render benefícios em todas as outras áreas de sua vida.

Cuidar de si irá render-lhe benefícios

Será que sua saúde está prejudicando outras áreas de sua vida? Sua vida amorosa? Sua vida profissional? Sua vida social? Se você quer de fato fazer mudanças positivas na vida, torne a saúde sua prioridade.

Muitas pessoas passam a vida se sentindo com baixo rendimento: elas deixam passar pequenos (e grandes) problemas de saúde; dão um jeito de viver com menos do que a energia ideal; nunca experimentam a sensação de estarem plenamente em forma e enfrentam estresse diário, mas juram que um dia vão fazer algo sobre isso. E a razão por que não fazem isso é que tudo parece muito para lidar de uma vez: mudar a dieta, entrar em forma, buscar ajuda para problemas de saúde, relaxar e diminuir o estresse – AGORA! Mas não precisa ser dessa forma, você pode fazer algo sobre sua saúde hoje. Assim como qualquer outra meta, você simplesmente precisa começar devagar, dar um primeiro passo, depois mais um, e mais um... e o melhor lugar para começar é bem aqui com uma avaliação honesta.

178 HOJE É O DIA QUE **IRÁ MUDAR SUA VIDA**

Atribua-se uma nota de 1 a 10 para as afirmações na próxima página, onde 1 corresponde a "Não é verdade" e 10 a "É verdade sempre".

1–10

(1 = Não é verdade; 10 = É verdade sempre)

Como alimentos nutritivos e saudáveis. _____

Bebo oito copos de água por dia. _____

Durmo profundamente todas as noites. _____

Acordo todas as manhãs descansado e revigorado. _____

Faço exercícios regularmente e me sinto em
forma, forte e flexível. _____

Acho fácil relaxar e reservar um tempo para mim
regularmente. _____

Raramente pego resfriado. _____

Não tenho problemas de saúde. _____

Alguma de suas notas o surpreendeu? Você gostaria que alguma delas fosse maior? Você consegue imaginar como seria a vida se todas as suas notas fossem 10? O que você precisaria fazer para empurrar cada nota um ponto para cima? E mais um?

O milagre "você"

Seu corpo é incrível – verdade! É um mestre da mudança, recriando-se continuamente. Acho que pode ser difícil compreender por-

APÊNDICE: HOJE É O DIA DE GARANTIR QUE VOCÊ ESTÁ... 179

que provavelmente você acha que ele parece igual na maioria dos dias (exceto pela ação do envelhecimento, o efeito do cansaço, os abusos e a variação de peso), mas daqui a 21 dias a partir de hoje sua pele estará completamente nova, em cinco meses seu fígado será renovado, as células superficiais de seus pulmões se regeneram a cada 14-21 dias, seu trato digestivo será renovado em quatro dias e seus ossos podem se reconstituir em seis semanas caso sejam quebrados.

Imagine por um momento que seu corpo seja um carro – que tem sido continuamente reformado. Troca do escapamento de três em três semanas, um novo tanque de combustível a cada dois meses, reparos na carroceria a cada 21 dias, troca dos filtros a cada quatro dias... Uau – seu carro pareceria sempre novo e rodando macio como um sonho. Será? E se as peças "novas" fossem na verdade usadas e recondicionadas, vindas de um ferro velho, peças de segunda, enferrujadas e que não foram bem cuidadas antes? E se o óleo e o combustível que você usou não fossem de boa qualidade? Quanto tempo seu carro duraria?

A renovação constante de nosso corpo é uma grande oportunidade de mudança para melhor, contanto que você assegure que as melhores peças possíveis sejam usadas – e isso significa prestar atenção no combustível que usamos e como cuidamos delas. Uma dieta saudável, nutritiva e balanceada é fundamental se você quer saltar da cama todas as manhãs cheio da energia e do vigor necessários para fazer qualquer mudança na vida. Não importa se você decidir ler um livro sobre nutrição ou buscar a ajuda de um profissional experiente, assim como qualquer outra mudança desejada, nada vai acontecer enquanto você não começar a implementar as mudanças, então comece agora.

A renovação constante de nosso corpo é uma grande oportunidade de mudança

COISAS PARA FAZER HOJE: Faça um diário de comidas e bebidas: anote TUDO o que consumir – isso significa salgadinhos, petiscos e doces também! Reveja sua lista no final do dia e lembre-se de que tudo em sua lista contribuiu para construir o novo você de amanhã, da semana que vem, do mês que vem... Você está montando uma Ferrari ou uma carroça? O que você poderia fazer para assegurar que sua máquina (corpo) passe na inspeção anual?

Exercício

Você não precisa ir toda noite à academia ou correr maratonas para ficar em forma; atividades diárias como caminhar podem ter um efeito igualmente bom, e começar com apenas 15 minutos de exercício por dia já pode fazer uma grande diferença em como você se sente. Cansado demais? Sem tempo? Exercitar-se pode ajudá-lo nessas duas reclamações – aumentando sua vitalidade e sua clareza mental, para que consiga fazer mais com mais eficiência.

Os especialistas dizem que andar por apenas meia hora, cinco dias por semana, é a melhor maneira de proteger sua saúde – você nem precisa andar tudo de uma vez, 10 minutos de caminhada três vezes por dia já ajudam. E é bom para sua cabeça também: uma pesquisa mostrou que caminhar por apenas cinco minutos no campo – especialmente perto da água – melhora a saúde mental também!

Você pode ser criativo e ficar em forma com uma pequena mudança em sua rotina. Experimente fazer algum exercício físico durante os comerciais da TV, fazer uma caminhada curta no horário do almoço, usar alguma escada para fazer um pouco de exercício aeróbico por cinco minutos, pegar algum peso no armário da cozinha (um pote, uma lata, um saco de açúcar, etc.) e fazer um pouco de musculação para os braços enquanto o jantar está cozinhando... Em pouco tempo você vai colher os benefícios e querer fazer mais.

OLHE PARA VOCÊ!

Imagine que você avançou no tempo – um ano, cinco anos, dez anos ou mais no futuro. Imagine que está vivendo a vida de seus sonhos. Você fez tantas mudanças, um passo por vez, e nunca esteve tão saudável e feliz. Uma revista sobre saúde escreveu um artigo sobre pessoas que deram uma virada na vida e você aparece entre elas – e o artigo inclui algumas fotos ótimas de você. Imagine-se vendo a revista e sentindo-se empolgado porque sua história pode inspirar os outros.

Agora vou fazer algumas perguntas para você e quero que as responda tendo o artigo da revista em mente. Seja espontâneo e rápido em suas respostas; se você não souber uma resposta passe para a próxima pergunta, vá em frente e torne as coisas o mais reais possível.

Como é sua casa?

Quem mora lá com você?

Quando você começou a melhorar sua saúde?

Qual foi o primeiro pequeno passo que você deu para aumentar sua vitalidade e bem-estar?

O que você faz durante o dia?

Qual foi sua melhor realização?

Qual é sua aparência?

Como você se sente?

Que conselho você daria a seu "eu mais jovem"?

Como você superou seus momentos difíceis?

Quais são suas três principais dicas de saúde?

O que você tem em sua despensa/geladeira?

Dê ouvidos

Você vive com um de seus maiores gurus: seu corpo. Seu corpo lhe proporciona *feedback* e orientação constantes sobre o que é melhor para você, mas você está prestando atenção ao que ele diz? Você responde a seu instinto? Infelizmente, muitas pessoas só ouvem seu corpo quando ele começa a gritar de maneira que não pode ser ignorada – com dores ou doenças. Mas se você aprender a prestar atenção e a ouvir seu corpo, ele o guiará e o ajudará.

Você vive com um de seus maiores gurus: seu corpo

Por exemplo, uma dor de cabeça pode ser a forma de seu corpo lhe dizer que você não está dando atenção a suas necessidades básicas: pulando refeições, bebendo pouca água, dormindo pouco, exercitando-se pouco ou passando por muito estresse.

Cada célula de seu corpo reflete pensamentos e emoções. Você já entrou em algum ambiente e teve a sensação imediata de conforto ou desconforto? Isto é seu corpo lhe dando *feedback*. Ele também pode lhe dizer quais alimentos são melhores para você e que tipos de exercícios são mais adequados. Aprenda a ouvir. Se você está planejando mudanças, verifique sempre como seu corpo se sente sobre elas – ele não vai mentir.

COISAS PARA FAZER HOJE: Pratique sintonizar seu corpo. Feche os olhos e passe alguns momentos pensando em alguém ou alguma coisa sobre o qual se sente ansioso, ou algo que lhe causa medo e estresse. Sinta como seu corpo enrijece e seu coração começa a palpitar. Observe o que acontece com seu estômago e sua respiração.

Agora passe alguns momentos pensando em alguém ou alguma coisa que você ama, ou algo que você acha relaxante e tranquilizador. Sinta como seu corpo relaxa e sua respiração se estabiliza. Observe o que acontece com seu batimento cardíaco e com seu estômago.

Mova-se!

A forma como você usa seu corpo também pode mudar como se sente. Se você está se sentindo lento e desanimado, pode usar seu corpo para mudar este estado e ficar desperto. Da mesma forma, se está se sentindo muito agitado e excitado, pode usar seu corpo para mudar seu estado e desacelerar um pouco. Os atores usam isso para estarem bem no palco e na frente das câmeras. Se querem representar alguém deprimido, eles deixam os ombros caídos, movem-se lentamente e olham para o chão ou para o infinito. Se querem parecer felizes, eles se movimentam mais rápido, sorriem e ficam eretos. Em ambos os casos, a postura do corpo que adotam terá efeito em como se sentem e melhorará seu desempenho.

Preste atenção em como você usa seu corpo. Como é sua postura? Qual é a primeira impressão que seu corpo transmite? Você sente alguma diferença se focar sua atenção no céu? E no chão? Onde você guarda sua tensão? Você consegue liberá-la? E o que você poderia fazer com seu corpo imediatamente para relaxar? Como as pessoas confiantes se movem? Experimente! Como as pessoas saudáveis se movem? Experimente!

COISAS PARA FAZER HOJE: Versão 1 (no caso de você estar acompanhado e não querer chamar muita atenção para si!): Pense sobre um modo como gostaria de estar se sentindo agora (confiante, feliz, positivo, desperto, alerta, focado, forte) e veja que pequenos ajustes pode fazer em seu corpo para criar esta sensação. Imagine como alguém se sentindo assim aparentaria e faça como ele. O que você pode fazer com sua expressão facial, postura, respiração, a posição de seus braços e pernas? Preste atenção nos detalhes!

Versão 2 (para quando ninguém está vendo!): Pense sobre um modo como gostaria de estar se sentindo agora e faça grandes ajustes para de fato exagerar esta sensação. Levante-se e ande pelo lugar onde está de um jeito confiante/positivo/desperto/alerta/focado/forte. Empertigue-se e lembre-se de sorrir.